Centre d'étude et de recherche de droit international
et de relations internationales
de l'Académie de droit international de La Haye

Centre for Studies and Research in International Law
and International Relations of
the Hague Academy of International Law

1986

1987
MARTINUS NIJHOFF PUBLISHERS
Dordrecht/Boston/Lancaster

Distributors:

for the United States and Canada

Kluwer Academic Publishers
P.O. Box 358
Accord Station
Hingham, MA 02018-0358
USA

for all other countries

Kluwer Academic Publishers Group
Distribution Center
P.O. Box 322
3300 AH Dordrecht
The Netherlands

ISBN (volume) 90 247 3508 4
ISBN (series) 90 247 3393 6

Composé par/Set by Compo Service, 59000 Lille (France)
Printed in the Netherlands by Samsom-Sijthoff, Alphen aan den Rijn

ACADÉMIE DE DROIT INTERNATIONAL DE LA HAYE
HAGUE ACADEMY OF INTERNATIONAL LAW

CENTRE D'ÉTUDE ET DE RECHERCHE
DE DROIT INTERNATIONAL
ET DE RELATIONS INTERNATIONALES

CENTRE FOR STUDIES AND RESEARCH
IN INTERNATIONAL LAW
AND INTERNATIONAL RELATIONS

1986

L'APPLICATION DU DROIT HUMANITAIRE

THE APPLICATION OF HUMANITARIAN LAW

Une copie de ce relief est apposée dans la salle de cours de l'Académie

A copy of this relief is in the lecture hall of the Academy

Table générale des matières
General Table of Contents

LES ORGANES DIRIGEANTS DE L'ACADÉMIE DE DROIT INTERNATIONAL DE LA HAYE

(Curatorium, Conseil d'administration)

a) *Le Curatorium*

THE GOVERNING BODIES OF THE HAGUE ACADEMY OF INTERNATIONAL LAW

(Curatorium, Administrative Council)

(a) *The Curatorium*

b) *Le Conseil d'administration*

Président

S. Exc. le baron D. W. van Lynden, ancien ambassadeur des Pays-Bas

Membres

E. H. van der Beugel, professeur honoraire de l'Université de Leyde
J. G. Bruggeman, membre du Parlement des Pays-Bas
P. H. Kooijmans, professeur à l'Université de Leyde
G. A. Wagner, président du Conseil de surveillance de la Royal Dutch Petroleum Company

Représentant spécial de l'Académie

S. Exc. V. Umbricht, médiateur de la Communauté de l'Afrique de l'Est, Genève

Trésorier de l'Académie

W. A. J. Wevers

Comptabilité

W. van Staverden

Secrétariat

Palais de la Paix, Carnegieplein 2, 2517 KJ La Haye, téléphone (070) 46 96 80

Chef du secrétariat

Mlle M. Croese

Section du logement

Mme C. G. Maris

Toute correspondance doit être rédigée dans l'une des deux langues de travail de l'Académie (français et anglais) et adressée au secrétariat de l'Académie, Palais de la Paix, Carnegieplein 2, 2517 KJ La Haye, Pays-Bas.

(b) *The Administrative Council*

President

H.E. Baron D. W. van Lynden, former Ambassador of the Netherlands

Members

E. H. van der Beugel, Professor emeritus at the University of Leiden
J. G. Bruggeman, Member of the Netherlands Parliament
P. H. Kooijmans, Professor at the University of Leiden
G. A. Wagner, Chairman of the Supervisory Board of the Royal Dutch Petroleum Company

Special Representative of the Academy

H. E. V. Umbricht, Mediator East African Community, Geneva

Treasurer of the Academy

W. A. J. Wevers

Accountancy

W. van Staverden

Secretariat

Peace Palace, Carnegieplein 2, 2517 KJ The Hague, tel. (070) 46 96 80

Head of the Secretariat

Miss M. Croese

Accommodation Department

Mrs. C. G. Maris

All correspondence, in either of the working languages of the Academy (English and French), should be addressed to the Secretariat of the Academy, Peace Palace, Carnegieplein 2, 2517 KJ The Hague, the Netherlands.

LE CENTRE D'ÉTUDE ET DE RECHERCHE DE DROIT INTERNATIONAL ET DE RELATIONS INTERNATIONALES DE L'ACADÉMIE DE DROIT INTERNATIONAL DE LA HAYE*

Le Centre d'étude et de recherche de droit international et de relations internationales de l'Académie commencera à fonctionner, à l'issue de la session de cours, du 17 août au 11 septembre 1987 au Palais de la Paix à La Haye.

Cette institution est établie au sein de l'Académie, sous la direction de ses organes et dans le cadre de son enseignement. L'existence du Centre ne modifie en rien le caractère des sessions de cours de l'Académie. Le présent avis concerne son fonctionnement en 1987, rappelle quelques points essentiels et fournit aux personnes que le Centre est susceptible d'intéresser des indications utiles d'ordre pratique.

Caractère du Centre

Le Centre est réservé à un public restreint : les participants doivent témoigner de leur aptitude à la recherche et de leur capacité de contribuer à un travail collectif. Les travaux scientifiques du Centre exigent de ceux qui y ont accès une activité personnelle et effective ininterrompue.

De ce principe découlent les deux règles essentielles de l'organisation du Centre :

1) le Centre n'est accessible qu'à des participants déjà hautement qualifiés par la maturité intellectuelle et les connaissances acquises. Toute candidature est subordonnée à la possession de diplômes universitaires élevés et notamment du diplôme de l'Académie ou à la justification d'une pratique effective d'au moins trois ans dans les affaires internationales ;
2) les admissions n'y sont accordées qu'en nombre limité, non seulement pour assurer le niveau élevé des travaux, mais aussi pour que la collaboration de chacun puisse être efficacement soutenue et guidée par les directeurs d'études.

---

* Pour l'historique de la création du Centre, voir Boutros Boutros-Ghali, « Le Centre d'étude et de recherche de droit international et de relations internationales de l'Académie de droit international de La Haye », *CER 1985. La pollution transfrontière et le droit international,* La Haye, M. Nijhoff, 1986, pp. 9-24.

THE CENTRE FOR STUDIES AND RESEARCH IN INTERNATIONAL LAW AND INTERNATIONAL RELATIONS OF THE HAGUE ACADEMY OF INTERNATIONAL LAW*

The Centre for Studies and Research in International Law and International Relations of the Academy will start functioning at the end of the Summer Session from 17 August till 11 September 1987 at the Peace Palace in The Hague.

This institution forms part of the Academy, operates under the authority of its managing board and within the framework of its teaching. The establishment of the Centre does not affect in any way the teaching of courses in the Academy. The following note recalls the essential characteristics of this Centre and explains the way it will function in 1987, giving some practical and useful information to those who may be interested.

Characteristics of the Centre

The Centre is reserved for a special kind of public. The participants must demonstrate their capacity for research and their ability to contribute to group work. Those admitted to the Centre are expected to take an active part in its scholarly work which should be effective and uninterrupted.

From this principle follow the two essential rules concerning the organization of the Centre :

(1) the Centre is open only to participants highly qualified by their intellectual maturity and experience. Every candidate must hold an advanced university degree or the Diploma of the Academy, or at least three years practical experience in international affairs ;

(2) there will only be a limited number of participants in order to ensure a high standard and to enable each participant to contribute effectively under the guidance of the Directors of Studies.

---

* For the history of the founding of the Centre, see Boutros Boutros-Ghali, "Le Centre d'étude et de recherche de droit international et de relations internationales de l'Académie de droit international de La Haye", *CSR 1985. Transfrontier Pollution and International Law,* The Hague, M. Nijhoff, 1986, pp. 9-24.

A. Le programme pour 1987 (17 août- 11 septembre)

1. Les directeurs d'études

Les directeurs d'études désignés pour la session de 1987 sont :

pour la section de langue française : B. Audit, professeur à l'Université René-Descartes, Paris V ;

pour la section de langue anglaise : M. E. Schneider, Lalive, Budin et associés, Genève.

*2. Le thème du Centre en 1987**

L'arbitrage transnational et les contrats d'Etat.

3. Le plan d'études et la bibliographie

Les directeurs d'études établiront à l'avance un plan sommaire des travaux de leur section avec toutes les indications estimées utiles par eux à la préparation du sujet du programme. Un exemplaire de ce document ainsi qu'une bibliographie préparée par la bibliothèque du Palais de la Paix seront adressés à chacun des participants.

4. Les attestations

Les participants peuvent recevoir de leur directeur d'études une attestation concernant la qualité de leur travail.

B. Les renseignements pratiques

1. L'admission au Centre

Les demandes d'admission pour 1987, accompagnées de toutes les pièces nécessaires pour en permettre l'appréciation, devront parvenir au Curatorium de l'Académie de droit international, Palais de la Paix, à La Haye, avant le *1er avril 1987*, date limite et terme de rigueur. Les demandes de candidature doivent être tapées à la machine et accompagnées d'une recommandation d'un professeur de droit international. Les pièces de leur dossier n'étant pas restituées aux candidats, ceux-ci sont invités à n'envoyer que les copies de leurs diplômes, dûment certifiées conformes par les autorités compétentes.

Le nombre des participants pour 1987 a été fixé entre vingt et vingt-quatre, dont la moitié pour la section de langue anglaise et la moitié pour la section de langue française. *Les candidats devront, dans une note, exposer l'intérêt qu'ils éprouvent à l'égard du sujet de la session et les raisons pour lesquelles ils souhaitent l'étudier au Centre.*

---

* *Le Curatorium a retenu pour 1988 comme thème du Centre :* Les aspects juridiques du terrorisme international.

A. The Programme for 1987 (17 August-11 September)

1. Directors of Studies

The Directors of Studies nominated for the 1987 session are:

French-speaking section: B. Audit, Professor at the University René Descartes, Paris V;

English-speaking section: M. E. Schneider, Lalive, Budin and Partners, Geneva.

*2. The subject-matter of the Centre in 1987**

Transnational arbitration and State contracts.

3. Plan of studies and bibliography

Directors will draw up in advance a short plan for their section with all the information they consider necessary for preparing the subject-matter of the programme. A copy of this document and a bibliography prepared by the Peace Palace Library will be sent to each participant.

4. Testimonials

Participants may obtain from their Director of Studies a testimonial concerning the quality of their work.

B. Useful Information

1. Admission to the Centre

Applications for 1987, together with the certificates and other papers on which their claim to be accepted is based, should reach the Curatorium of the Academy of International Law, Peace Palace, The Hague, not later than *1 April 1987*, the closing date for applications. Every application should be typewritten and accompanied by a recommendation from a professor of international law. As the documents sent are not returned to the applicants, the latter should not send the originals of their diplomas, but only copies duly verified by a competent authority.

For 1987 there will be 20 to 24 participants, half of them will carry out their research work in the French-speaking section and the other half will carry out their research work in the English-speaking section. *Candidates must state in a brief note their particular interest in the subject and the reasons why they wish to study it at the Centre.*

* *As subject for the 1988 Centre, the Curatorium chose:* The Legal Aspects of International Terrorism.

La participation au Centre pour 1987 est gratuite.

Pendant la session de 1987 les participants recevront du Conseil d'administration une allocation de 75 florins par jour. En outre, les participants pourront être indemnisés d'une partie des frais de voyage, compte tenu notamment de l'éloignement de leur résidence habituelle.

La liste des admissions accordées sera rendue publique par les soins du Curatorium aussitôt que possible. Elle sera notifiée individuellement aux candidats admis. Ceux-ci sont obligés de séjourner *sans interruption* à La Haye pendant toute la durée de la session.

En principe, il n'est permis de participer aux activités du Centre qu'une seule fois.

2. *L'installation du Centre*

Le Centre est installé au Palais de la Paix. Il est superflu de rappeler la richesse exceptionnelle de la bibliothèque du Palais de la Paix dont l'accès, avec possibilité de prêt des livres, est largement ouvert aux auditeurs de l'Académie et, tout naturellement, aux participants aux travaux du Centre. Ils bénéficieront ainsi de conditions de travail particulièrement intéressantes et favorables à leurs recherches.

3. *Le logement des participants*

Les participants au Centre sont logés dans les mêmes conditions que les auditeurs des sessions de cours de l'Académie. (On trouvera tous les renseignements à ce sujet dans le bulletin annuel de l'Académie.)

Les thèmes de recherche du Centre depuis sa création

Le sujet qui doit être étudié lors de chaque session est choisi par le Curatorium de l'Académie de droit international de La Haye. Depuis la création du Centre, les participants ont traité les thèmes suivants :

1957 L'étude approfondie des questions juridiques afférentes aux arrêts rendus par la Cour internationale de Justice dans l'affaire du *Détroit de Corfou* (9 avril 1949) et dans l'affaire *Nottebohm* (6 avril 1955).

1958 Le régime des investissements privés étrangers dans le problème du développement économique des pays dits « sous-développés ».

1959 Aspects choisis de la Conférence de Genève de 1958 sur le droit de la mer, en ayant particulièrement en vue l'étude des facteurs et des méthodes susceptibles d'influencer le développement du droit international.

1960 Le droit des traités et autres accords internationaux.

There will be no admission fee to the Centre in 1987.

During the 1987 session, the participants will receive through the Administrative Council an allowance of 75 florins per day. Furthermore financial help in the form of a contribution toward travelling expenses may be granted to participants, taking into account the distance of their country of usual residence.

The Curatorium will make known the list of applicants admitted as soon as possible. Each applicant admitted will be individually notified. They are under an obligation to stay *without interruption* at The Hague during the whole period of the session of the Centre.

In principle people can only participate once in the activities of the Centre.

2. *The location of the Centre*

The Centre will carry out its work in the Peace Palace. It is unnecessary to remind participants of the wealth of the library collection at the Peace Palace. They will have free access to this Library and will be entitled to borrow books like all attenders of the Academy. Thus they will have the advantage of particularly fine working conditions.

3. *Accommodation*

Accommodation for Centre participants is offered on the same basis as for Academy lecture attenders. (All the information about this is to be found in the annual bulletin of the Academy.)

The research themes of the centre since its beginning

The study subject for each session is chosen by the Curatorium of the Hague Academy of International Law. Since the beginning of the Centre, participants dealt with the following subjects:

1957 The detailed study of the legal questions relating to the decisions of the International Court of Justice in the *Corfu Channel* case (9 April 1949) and in the *Nottebohm* case (6 April 1955).

1958 The role of private foreign investments in regard to the problem of the economic development of so-called "less developed" countries.

1959 Selected aspects of the 1958 Geneva Conference on the Law of the Sea with special reference to the study of the factors and methods affecting the development of international law.

1960 The Law of Treaties and other international agreements.

1961 Le régime juridique des voies d'eau d'intérêt international.
1962 La succession d'Etats.
1963 Les rapports entre les organisations universelles et les organisations régionales.
1964 Etude comparée des juridictions internationales existantes.
1965 Le rôle des traités dans l'unification du droit international privé.
1966 Les problèmes de droit international privé nés de la cession de territoires ou de l'accession de territoires à l'indépendance.
1967 La protection des droits de l'homme par le droit international.
1968 Problèmes actuels du droit des traités (à la lumière du projet de codification préparé par la Commission du droit international des Nations Unies).
1969 Les accords conclus par les organisations internationales, entre elles ou avec des Etats.
1970 Interprétation des traités à la lumière de la Convention de Vienne de 1969 sur le droit des traités.
1971 Problèmes de droit intertemporel en droit international privé.
1972 Le rôle de l'équité en droit international.
1973 Problèmes de l'application du droit humanitaire de la guerre aux conflits n'ayant pas un caractère international.
1974 Le règlement des conflits dans le cadre des organisations internationales régionales et des Nations Unies.
1975 Les problèmes juridiques afférents au *peace keeping*.
1976 Le règlement des différends dans le cadre des institutions spécialisées, de la CNUCED, du GATT, des systèmes d'intégration économique et des accords sur les produits de base.
1977 Le régime juridique des fleuves et des lacs internationaux.
1979 La protection internationale des droits de l'enfant.
1980 Le statut juridique des réfugiés.
1981 Le droit international des produits de base.
1982 La responsabilité internationale de l'Etat.
1983 La protection du droit à la vie à la lumière des règles du droit international.
1984 Le statut juridique international des minorités.
1985 La pollution transfrontière et de droit international[1].
1986 L'application du droit humanitaire.

[1] Il s'agit de la première brochure de cette série, qui présente des comptes rendus des travaux du Centre.

1961 The régime of navigable waterways of international concern.
1962 State succession.
1963 The relations between universal international organizations and regional organizations.
1964 Comparative study of existing international tribunals and their competence.
1965 The role of treaties in the unification of private international law.
1966 The problems of private international law arising from the cession of territories and the accession of territories to independence.
1967 The protection of human rights by international law.
1968 Current problems of the law of treaties (in the light of the codification project prepared by the International Law Commission of the United Nations).
1969 Agreements concluded by international organizations, among themselves or with States.
1970 Interpretation of treaties in the light of the 1969 Vienna Convention on the Law of Treaties.
1971 Intertemporal law problems in private international law.
1972 The role of equity in international law.
1973 Problems of application of the humanitarian law of war to conflicts not of an international character.
1974 The settlement of conflicts within the framework of regional organizations and the United Nations.
1975 The legal problems pertaining to peace keeping.
1976 Settlement of disputes within the framework of specialized Agencies, UNCTAD, GATT, systems of economic integration, and in the field of commodity agreements.
1977 The legal régime of international rivers and lakes.
1979 International protection of the rights of the child.
1980 The legal status of refugees.
1981 Legal problems of commodity agreements in the framework of the new international economic order.
1982 International State liability.
1983 The protection of the right to life under existing rules of international law.
1984 The international legal status of minorities.
1985 Transfrontier pollution and international law[1].
1986 The application of humanitarian law.

[1] It is about the first booklet of these series with reports of the work of the Centre.

Centre d'étude et de recherche (1986)

L'APPLICATION DU DROIT HUMANITAIRE

Centre for Studies and Research (1986)

THE APPLICATION OF HUMANITARIAN LAW

Yves Sandoz*

BILAN DE RECHERCHES DE LA SECTION DE LANGUE FRANÇAISE DU CENTRE D'ÉTUDE ET DE RECHERCHE DE L'ACADÉMIE

Introduction générale

Le but du droit est de servir les hommes en facilitant leur vie en société. Les exercices académiques qui oublient cette finalité première restent stériles et ceux qui sont chargés d'élaborer le droit, que ce soit en rédigeant des avant-projets de convention ou au stade avancé d'une conférence diplomatique, se doivent de constamment la garder à l'esprit. Ils le feront d'abord en s'imprégnant de la réalité et des aspirations profondes de la société qu'ils doivent contribuer à organiser, mais également en se penchant sur les problèmes pratiques liés à l'application du droit.

A cet égard, sans nous pencher sur la question, largement débattue, des facteurs contribuant au respect du droit international ou l'entravant [1], rappelons brièvement, pour les souligner, deux difficultés particulières que présente l'élaboration du droit ayant vocation d'établir des normes universelles.

Le lien social de chaque peuple – la culture, les traditions, la langue, les valeurs – présente à l'évidence des caractéristiques propres. Le lien commun à l'ensemble de l'humanité est à la fois beaucoup plus mince et plus difficile à saisir. Le législateur international doit donc être très soucieux de remettre en question les valeurs de sa propre culture, de les relativiser et de se demander lesquelles sont universelles. Il doit sans cesse combattre sa tendance inévitable à l'ethnocentrisme par une écoute attentive des autres cultures, sous peine de rendre illusoires l'acceptation et, en tout cas, l'application des textes qu'il élabore. Le droit trop éloigné de la réalité d'une société qu'il prétend servir est soit ignoré, soit imposé par des moyens répressifs tels qu'ils pervertissent sa finalité.

La deuxième difficulté est l'absence d'une structure internationale propre à imposer véritablement la mise en œuvre des normes

*Directeur d'études de la section de langue française du Centre. Directeur adjoint et chef du département de la doctrine et du droit au Comité international de la Croix-Rouge, Genève.

internationales. Faute de moyens de contrainte et d'un appareil judiciaire efficaces à même d'imposer l'application du droit international, le législateur doit faire preuve de beaucoup d'imagination pour trouver des mécanismes qui permettent à ce droit de ne pas être qu'un bazar où chacun se sert, au gré de ses besoins. Il doit rechercher tous les moyens propres à vaincre la réticence de certains gouvernements à respecter leurs propres engagements, faute de pouvoir véritablement imposer ce respect.

Le droit international humanitaire applicable dans les conflits armés est exemplaire à cet égard : son application dépend en effet de chacun – en particulier de chaque soldat – et rend indispensable une large adhésion des peuples. Il impose, à côté des normes protégeant directement les victimes, de nombreuses obligations de moyens, dont certaines permettent de tester la volonté des gouvernements en temps de paix déjà.

Objectifs de la présente session

Dans la perspective de ce qui est dit ci-dessus, deux types d'efforts peuvent être entrepris par ceux qui désirent travailler à une meilleure application du droit international humanitaire. Celui, d'abord, de retrouver dans les grandes cultures du monde les racines de ce droit, afin d'entraîner l'adhésion de l'ensemble des peuples à ses principes essentiels[2]. Celui, ensuite, d'examiner en profondeur ses mécanismes de mise en œuvre, pour en tirer toutes les ressources.

C'est à ce second objectif que s'est attelée la présente session, vaste objectif qu'elle ne saurait évidemment pas prétendre avoir totalement atteint[3].

Les travaux des participants ont essentiellement visé à éclairer le droit, le contenu précis de certaines normes, pour permettre aux gouvernements de mieux comprendre ce qu'il exige d'eux, ainsi qu'à identifier les obstacles rencontrés dans la mise en œuvre et les faiblesses des mécanismes d'application, pour s'interroger sur les moyens propres à y remédier.

Ils l'ont fait avec la conscience que l'application imparfaite du droit international humanitaire doit probablement autant, sinon davantage, à l'ignorance qu'en ont les gouvernements ou à leur réticence à entreprendre le gros effort de diffusion requis en temps de paix déjà, qu'à une volonté délibérée de violer ses normes.

Structure du présent rapport

Le présent rapport cherche, dans sa partie la plus importante, à éclairer le droit, soit la portée d'obligations souvent trop compliquées pour qu'on puisse s'en remettre tout simplement au fait que nul n'est censé les ignorer. Il distingue à cet égard les obligations à accomplir en temps de paix déjà, de celles applicables en temps de conflit armé.

Dans la deuxième et la troisième partie, il cherche à faire un examen critique des moyens de contrôle et des moyens de répression prévus par le droit international humanitaire.

Le problème des conflits armés non internationaux et celui du rapport entre droit international humanitaire et droits de l'homme sont brièvement abordés dans une quatrième partie.

Les conclusions, enfin, se présentent sous forme d'une analyse synthétique, en français et en anglais, de la présente étude (*infra*, pp. 65-67 et 68-70).

*

I. Eclairer le droit

A. L'obligation de respecter le droit

Il va de soi que les Etats doivent respecter les engagements qu'ils ont pris: «pacta sunt servanda»! Les Conventions de Genève le rappellent néanmoins à leur article 1 commun, et l'article 80 du Protocole I de 1977[4] dispose ainsi:

> «1. Les Hautes Parties contractantes et les Parties au conflit prendront sans délai toutes les mesures nécessaires pour exécuter les obligations qui leur incombent en vertu des Conventions et du présent Protocole.
>
> 2. Les Hautes Parties contractantes et les Parties au conflit donneront des ordres et des instructions propres à assurer le respect des Conventions et du présent Protocole et en surveilleront l'exécution.»

En mentionnant les «Hautes Parties contractantes et les Parties au conflit», cet article souligne d'une part le fait que certaines dispositions sont à prendre en temps de paix déjà, d'autre part que cette obligation lie également les parties au conflit qui s'engagent à appliquer les Conventions de Genève et leur Protocole additionnel I, sans en être des parties contractantes.

1. *Obligations* ad hoc *pendant le conflit armé*

Les Conventions de Genève prévoient la possibilité, pour une partie engagée dans un conflit armé international qui n'est pas partie à ces Conventions, d'en accepter et d'en appliquer les dispositions (art. 2) pendant un conflit armé. Un tel engagement oblige dès lors toute partie aux Conventions qui serait son adversaire à respecter celles-ci à son égard. La même disposition est prévue au Protocole I[5] qui donne en outre loisir aux mouvements de libération tels que définis à l'article 1, paragraphe 4, de s'engager à appliquer les Conventions de Genève et le Protocole I par une déclaration unilatérale au dépositaire. Cette déclaration déploie les effets suivants :

> «*a)* les Conventions et le présent Protocole prennent immédiatement effet pour ladite autorité en sa qualité de Partie au conflit ;
> *b)* ladite autorité exerce les mêmes droits et s'acquitte des mêmes obligations qu'une Haute Partie contractante aux Conventions et au présent Protocole ; et
> *c)* les Conventions et le présent Protocole lient d'une manière égale toutes les Parties au conflit ».

Diverses réflexions ont été faites à ce sujet :

a) *Niveau inégal de préparation*

La première observation porte sur l'inégalité du niveau de préparation, dans le domaine du droit international humanitaire, qui devrait apparaître entre deux parties opposées dans un conflit armé dont l'une est liée depuis fort longtemps par les Conventions, voire également par le Protocole I, et dont l'autre ne se lie à elles, voire à lui, que dans le cadre d'un conflit précis.

Les Conventions et le Protocole prévoient en effet de nombreuses mesures préventives. L'Etat lié de longue date par ces instruments devrait notamment avoir introduit des conseillers juridiques au sein de ses forces armées et instruit les membres de celles-ci de leurs obligations découlant du droit humanitaire. Il devrait également avoir édicté une législation interne destinée à assurer l'application des normes imposées par les instruments de droit humanitaire, en particulier pour sanctionner pénalement les violations les plus graves de ces instruments.

On ne peut évidemment pas s'attendre à ce qu'un Etat ou un mouvement de libération qui s'engage à appliquer les instruments du droit humanitaire pendant un conflit armé ait pris toutes ces mesures préventives. On relèvera cependant, d'abord, que ces mesures prennent de toute manière du temps[6] et que le degré de préparation des parties adverses varie, même quand elles sont formellement liées aux instruments de droit humanitaire ; ensuite que le législateur a accepté cette idée en toute connaissance de cause puisqu'il a supprimé – pour les cas où l'adhésion est signifiée pendant un conflit armé[7] – le délai d'entrée en vigueur de six mois normalement prévu[8] ; enfin, que si les dispositions les plus difficiles à mettre en œuvre rapidement par des autorités soucieuses de le faire sont celles qui s'imposent aux soldats, ce sont aussi celles dont l'universalité et la valeur coutumière sont les moins contestables : « l'éducation humanitaire » de ses combattants s'impose à toute autorité qui prétend s'intégrer à la communauté internationale, qu'elle soit, ou non, formellement liée par les instruments de droit humanitaire.

b) *« Guerres de libération »*

Une question plus délicate se pose cependant avec la possibilité d'une application de l'ensemble des Conventions de Genève et de leur Protocole additionnel I lors de conflits armés opposant un « mouvement de libération » à une autorité en place. Le « mouvement de libération » a-t-il matériellement la capacité d'assumer strictement les obligations qui lui sont imposées ? A quoi s'engage-t-il ? Ces questions ont été au centre du travail de l'un des participants.

A ce sujet, on relèvera tout d'abord qu'en principe le législateur ne saurait prévoir une disposition qu'il sait inapplicable. On ne peut donc prétendre *a priori* qu'un « mouvement de libération » n'est pas en mesure de respecter les obligations qui s'imposent à lui.

On doit aussi souligner que, si l'ensemble des Conventions et du Protocole I sont applicables dans ces situations, on n'appliquera en fait que celles qui sont pertinentes : ainsi la IIIe Convention est en principe entièrement applicable lors de tels conflits, mais le mouvement de libération qui préférerait libérer, avec les mesures de sécurité requises[9], les combattants adverses qu'il capture n'aurait pas à appliquer les nombreuses dispositions relatives à l'internement des prisonniers de guerre[10]. Plus important encore: même si la IVe Convention est, également, en principe applicable, les dispositions sur l'occupation ne sauraient entrer en ligne de compte lors d'une «guerre de libération», puisque celle-ci se déroule sur le territoire d'un seul Etat, sur l'ensemble duquel deux autorités prétendent exercer légitimement la puissance publique.

Enfin, le «partnership» à un conflit armé international est subordonné à l'exigence d'avoir des forces armées placées sous un commandement responsable et soumises à un régime de discipline interne assurant le respect du droit humanitaire[11]: n'importe quel groupuscule ne peut donc prétendre voir appliqué l'ensemble du droit humanitaire à la lutte dans laquelle il est engagé. Reste cependant que l'application de certaines dispositions des instruments de droit humanitaire peut poser des problèmes particuliers à un «mouvement de libération». L'établissement d'une sorte de mode d'emploi «ad hoc», à l'usage de ces groupuscules, dont l'assise et les structures sont évidemment moins stables que celles des gouvernements en place, se révélerait certainement utile.

2. *Ecueils à l'obligation de respecter*

A travers l'examen de ces questions, deux obstacles à la mise en œuvre du droit international humanitaire furent en outre évoqués. Le premier découle de la possibilité particulière évoquée ci-dessus de voir appliquées les conventions de droit humanitaire par des engagements n'ayant de valeur que dans le cadre d'un conflit donné; le second, d'une portée beaucoup plus générale, est celui de la qualification des conflits.

a) *«Appliquer en fait»*

Pour obliger, dans le cadre d'un conflit armé, une partie adverse liée par les Conventions de Genève à les respecter intégralement à son égard, une puissance non formellement liée par ces Conventions doit s'engager à en accepter et à appliquer les dispositions[12]. Il en va de même pour le Protocole I[13].

A ce sujet, il a été souligné l'importance de ne pas exagérer la portée de la condition que la partie qui fait la déclaration *applique* les Conventions ou le Protocole I. Certes, il est justifié qu'une déclaration qui serait de nature purement politique et ne serait suivie d'aucune mesure concrète de mise en œuvre ne suffise pas à obliger la partie adverse. Mais il faut aussi admettre qu'aucun conflit armé n'a été à l'abri de violations du droit international humanitaire. Des infractions à celui-ci par les membres des forces armées de la partie ayant fait la déclaration ne sauraient donc donner prétexte à la partie adverse de s'estimer déliée de ses obligations. Elle ne le serait que s'il était patent que la déclaration des autorités ne s'accompagnait pas d'une volonté politique d'appliquer les Conventions et, le cas échéant, leur Protocole additionnel I[14].

Il s'agit là, de part et d'autre, d'une question de bonne foi.

b) *La qualification des conflits*

Là aussi, la bonne foi est essentielle. Si la force du droit international humanitaire est d'avoir su se tenir à l'écart du débat politique en faisant abstraction, dans l'application de ses normes, de la raison d'être du conflit armé, son talon d'Achille est qu'il n'a pas su totalement éviter ce débat en modulant son application, dès 1949, en fonction du caractère du conflit.

Y a-t-il conflit armé international ou conflit armé non international, voire «guerre de libération»? Dans chaque situation il faut répondre à cette question, sans parler des cas où l'existence même d'un conflit armé fait l'objet de controverses[15]. Or cette question est empoisonnée.

En dehors des situations où chaque partie accepte le fait d'être engagée dans un conflit armé international ou dans un conflit armé non international, il existe de nombreux cas – en fait la grande majorité – où la situation de départ est analysée différemment – de bonne ou mauvaise foi – par ses protagonistes.

S'agit-il d'une invasion suivie d'une occupation ou d'une simple aide au gouvernement pour régler des problèmes intérieurs? S'agit-il d'une «guerre de libération» ou d'actes terroristes de vulgaires hors-la-loi? Comment qualifier un conflit interne où chacune des composantes est aidée par des forces étrangères, quand celles-ci s'opposent à une de ces composantes, ou quand elles s'opposent entre elles?

Nous n'allons pas entrer ici dans l'analyse de cas pratiques[16], mais nous relèverons simplement que celle-ci démontre que ce problème est loin d'être seulement académique.

La question se pose d'ailleurs aussi bien sur le plan juridique que sur le plan politique et sa réponse est, en outre, rendue d'autant plus difficile que les faits sont rarement parfaitement connus.

Sur le plan juridique, il faut bien reconnaître que le droit international humanitaire ne fait pas de subtiles distinctions. Un conflit armé est international ou non international. La notion de conflit mixte, ou de conflit interne internationalisé, n'est pas introduite[17].

A quel degré une intervention étrangère internationalise-t-elle un conflit interne ? La réponse n'est pas facile. S'il s'agit, dans un conflit opposant un gouvernement reconnu à un mouvement dissident, d'une aide ouverte au second, on aura tendance à dire qu'il y a conflit armé entre l'Etat fournissant cette aide et l'Etat sur le territoire duquel se déroule le conflit. Mais encore faut-il distinguer le type d'appui – militaire ou logistique, humain ou matériel – son ampleur et son origine – est-il reconnu et assumé par le gouvernement de l'Etat qui le fournit ? S'il est fourni au gouvernement, on aura moins tendance à parler d'internationalisation puisque celui-ci est censé représenter l'Etat. Toutefois, un appui militaire d'une certaine ampleur pose inévitablement la question du contrôle que ce gouvernement est en mesure d'exercer sur cette aide, de l'exercice de sa souveraineté, voire de sa légitimité.

Mais le problème est avant tout *politique*. Y a-t-il aide ou occupation ? Au-delà de la vérité objective et de l'analyse juridique, il y a derrière cette question une querelle d'essence profondément politique. En voulant imposer un arbitre pour la trancher, le droit international humanitaire perdrait son principal atout, qui est justement de rester à l'écart du débat politique.

Mais en renonçant à le faire, va-t-il aller vers le vide, vers une application différenciée ou vers l'application d'un minimum agréé ?

L'application différenciée consisterait, par exemple, à exiger d'une partie dissidente à un conflit interne qu'elle applique l'ensemble du droit international humanitaire aux soldats d'une armée étrangère se battant aux côtés des forces armées gouvernementales, alors que les soldats gouvernementaux qu'elle capturerait, de même que ses propres soldats tombés au pouvoir des forces gouvernementales, ne seraient couverts que par l'article 3. Elle pose des problèmes pratiques difficilement solubles et il est clair qu'une partie à un conflit ne saurait admettre le fait de se voir imposer des obligations de droit humanitaire plus lourdes que son adversaire. Le vide est évidemment à éviter à tout prix et c'est là que la bonne foi est essentielle : la querelle juridique sur l'applicabilité ne doit pas être un prétexte pour ne pas satisfaire une obligation imposée par le droit international humanitaire.

Reste l'application des normes essentielles du droit international humanitaire, l'article 3 commun aux quatre Conventions de Genève faisant à cet égard office de plus petit commun dénominateur, étant entendu que l'application de l'ensemble du droit international humanitaire (obligatoire selon l'analyse de l'une des parties) implique l'observation de l'article 3 commun (seul applicable selon l'analyse de l'autre). Cette approche a notamment été récemment adoptée par la Cour internationale de Justice [18].

En ce sens, il a été souvent suggéré d'élaborer des règles essentielles valables pour tous les conflits armés et propres à éviter ces querelles d'applicabilité. De telles tentatives ont déjà été faites [19], mais il faut se garder de tomber dans des généralités auxquelles tout le monde peut – et doit – adhérer mais dont on ne peut guère contrôler l'application véritable.

Ainsi, si l'on est contraint d'admettre la théorie du plus petit commun dénominateur, seule viable aujourd'hui, il est aussi essentiel de souligner que les dispositions détaillées des Conventions sont souvent le seul élément de référence permettant de donner vie aux principes et règles générales de l'article 3. C'est, notamment, par référence aux règles applicables aux prisonniers de guerre ou aux internés civils que l'on fixera le contenu de l'obligation de traiter humainement les personnes hors de combat, quand celles-ci sont détenues. Mais, surtout, c'est seulement dans l'ensemble des Conventions de Genève, et pas seulement à leur article 3 commun, que l'on trouvera réponse aux problèmes humanitaires qui se posent dans la pratique. Ainsi, en particulier, les règles sur le rapatriement seront un précieux repère si des membres de forces armées tombent au pouvoir de la partie adverse de celle qu'ils sont venus renforcer.

De plus, même si l'acceptation des services offerts par un organisme neutre et impartial tel que le Comité international de la Croix-Rouge (CICR), en vue de vérifier l'application fidèle des normes du droit humanitaire, n'est que facultative en vertu de l'article 3, elle sera considérée comme un test de bonne foi pour ceux qui, dans des cas controversés, rejettent l'application de l'ensemble du droit humanitaire. Ils démontreront par là que ce rejet n'est pas qu'un prétexte à écarter un observateur gênant. A cet égard, il est intéressant de noter que la XXIVe Conférence internationale de la

Croix-Rouge[20] a, dans une résolution adoptée par consensus, « invité instamment » toutes les parties à des conflits de ce type à

> « permettre au Comité international de la Croix-Rouge d'apporter protection et assistance aux personnes capturées, détenues, aux blessés, aux malades et aux civils affectés par ces conflits »[21].

B. Les obligations à mettre en œuvre dès le temps de paix

L'application du droit international humanitaire a ceci de particulier qu'elle touche pratiquement, dans un conflit armé, chaque individu, titulaire de droits ou de devoirs. L'engagement pris par un gouvernement ne peut avoir d'effet que si le soldat, sur le champ de bataille, connaît les obligations humanitaires qui s'imposent à lui. L'enseignement, à chaque individu, des droits et obligations qui sont les siens en vertu du droit international humanitaire, comme l'introduction de mesures pénales et disciplinaires sanctionnant les violations à ces obligations, sont donc indispensables si l'on veut que les engagements pris par les Etats en adhérant aux instruments du droit international humanitaire ne restent pas lettre morte.

Logiquement, il appartenait aux Etats de tirer les conclusions de cette réalité et de prendre les mesures préventives propres à assurer le respect de leurs obligations en cas de conflit armé.

Les Etats ont cependant accepté de se méfier d'eux-mêmes, à cet égard, en s'imposant des obligations de moyens propres à faciliter l'observation des règles protégeant directement les victimes.

1. La diffusion du droit humanitaire

Ainsi en est-il de l'obligation de diffuser le droit humanitaire[22], de celle de former du personnel qualifié en vue de faciliter l'application des Conventions et des Protocoles[23] et de celle d'avoir des conseillers juridiques au sein des forces armées, en vue de « conseiller les commandants militaires, à l'échelon approprié, quant à l'application des Conventions et du présent Protocole [Protocole I] et quant à l'enseignement approprié à dispenser aux forces armées »[24].

Bien que ces points n'aient pas été l'objet de recherches de l'un des participants, on a relevé à leur égard que, si obligations il y a, leur contenu reste très vague. Les réflexions tendant à déterminer les actions minimales à entreprendre pour que soit satisfaite l'obligation de diffusion, ou à définir la «densité» minimale et le rôle exact de conseillers juridiques au sein de forces armées, paraissent donc indispensables en vue d'instaurer des «normes» qui, dans la mesure du possible, soient acceptées et reconnues par l'ensemble des Etats.

2. *Les lois d'application*

Une des manières les plus sûres de tester la volonté politique des gouvernements de réellement imposer le strict respect du droit international humanitaire, en cas de conflit armé, est de vérifier les lois internes et autres mesures d'application prises à cette fin. Sur le plan pénal, notamment, si les Conventions de Genève et leur Protocole additionnel I prévoient bien l'obligation de réprimer les infractions qualifiées de graves à ces instruments, ils ne donnent aucune indication sur le type et la mesure des peines à prévoir. C'est à l'ordre juridique interne de le faire.

Certes, ici, il est difficile de prétendre proposer des lois types, vu la variété des systèmes juridiques et les différents modes de réception du droit international dans l'ordre juridique interne. Mais le droit international humanitaire lui-même prévoit l'obligation, pour les Etats, de se transmettre leurs lois et règlements d'application[25].

Cette obligation n'a eu que peu d'effets pratiques jusqu'alors. L'idée de la relancer, notamment en créant un centre d'information à ce sujet – proposition faite dans le travail d'un participant de la section anglaise – a paru judicieuse, et propre, d'abord, à rappeler aux gouvernements leurs obligations dans ce domaine, ensuite à les stimuler et les amener à s'inspirer mutuellement, en leur permettant de partager leurs réflexions[26].

C. *Les obligations à mettre en œuvre pendant les conflits armés*

Ces obligations sont évidemment le cœur du droit humanitaire et c'est uniquement pour qu'elles soient mieux respectées que le législateur a prévu des dispositions, mentionnées ci-dessus, applicables en temps de paix déjà.

Par rapport aux dix articles fort courts de la convention mère de 1864, le droit international humanitaire est devenu aujourd'hui très complexe. Non seulement les dispositions se sont multipliées – les Conventions de Genève et leurs Protocoles additionnels comptent près de six cents articles – mais leur formulation s'est alourdie, prix à payer pour obtenir le consensus lors de leur élaboration et pour prendre en compte les multiples facteurs qui apparaissent lors d'un conflit armé.

Plus grave, dans certains cas – fort heureusement peu nombreux – l'ambiguïté de certaines formules résulte de compromis de façade, chacun gardant *sa propre interprétation.*

En tout état de cause, le travail d'éclairer les textes, de les expliciter, est apparu comme une œuvre utile, sinon nécessaire, pour faciliter leur application et éviter, autant que possible, les procès d'intention et les crises de confiance de nature à compromettre sérieusement cette application pendant les conflits armés[27].

Trois participants de la section française ont centré leur travail sur l'examen de dispositions dont l'application est essentielle pendant les conflits armés. Le premier s'est penché sur celles concernant la protection des catégories de personnes particulièrement vulnérables. Le deuxième a examiné diverses dispositions imposant des restrictions dans la conduite des hostilités. L'attention du troisième a été retenue par les dispositions concernant le problème crucial des envois de secours.

1. La protection des personnes particulièrement vulnérables

Un des principes fondamentaux du droit international humanitaire est celui de la non-discrimination. Il implique de ne pas défavoriser des personnes pour des motifs raciaux, politiques, religieux ou autres. En revanche, il n'interdit pas de favoriser les personnes particulièrement vulnérables. Bien au contraire, il introduit une « inégalité compensatrice » à l'égard de ces personnes.

La mise en relief de l'ensemble des dispositions applicables pendant les conflits armés à des catégories de personnes particulières – telles que les femmes enceintes ou les mères d'enfants en bas âge, les enfants ou les réfugiés – est sans nul doute d'un grand intérêt pour quatre raisons au moins :

La première est que ces personnes sont souvent peu à même de faire valoir leurs droits et qu'il faut les aider à les connaître et les faire connaître de ceux qui doivent les respecter.

La deuxième est que ces dispositions sont souvent éparses dans le cadre du droit international humanitaire et hors de ce cadre : il est important pour bien traiter les cas de ces personnes lors d'un conflit armé d'avoir à l'esprit toutes les dispositions qui les concernent, qu'elles se trouvent dans le droit humanitaire ou dans d'autres instruments internationaux. Il ne faut pas oublier, par ailleurs, les dispositions générales que complète la protection conférée spécifiquement à ces catégories de personnes : un réfugié, par exemple, est aussi protégé par les normes générales concernant les civils.

La troisième raison est d'éclairer les obligations résultant de conflits de normes. A cet égard, le cas des enfants-combattants est significatif. Le droit international humanitaire interdit l'envoi au combat d'enfants de moins de quinze ans et recommande d'éviter autant que possible celui d'enfants entre quinze et dix-huit ans[28]. Qu'en est-il si des enfants de l'une ou de l'autre catégorie, néanmoins envoyés au combat, sont capturés ? Une telle question, mérite d'être approfondie. On ne peut en effet simplement exiger le retour de ces enfants dans leurs familles puisqu'ils sont aussi combattants et qu'on ne saurait imposer à un belligérant qu'il alimente ainsi le potentiel militaire de son adversaire. Il est cependant capital qu'on tienne compte, dans leur traitement, de leur qualité d'enfants, notamment en les détenant dans des lieux séparés de ceux des autres combattants, en leur assurant un entourage adéquat, en cherchant à obtenir des garanties de non retour au combat permettant de les renvoyer dans leurs familles. Malgré leur actualité, ces questions ne sont que partiellement résolues par le droit humanitaire.

La quatrième raison, enfin, est d'éviter, devant l'abondance des propositions normatives concernant ces catégories de personnes, que la négociation de nouveaux textes n'entraîne, en fait, un affaiblissement des normes existantes. Ce problème est réel. A vouloir régler l'ensemble des problèmes concernant la protection internationale des enfants, pour prendre cet exemple, ou, comme c'est l'ambition du droit international humanitaire, l'ensemble des problèmes concernant les victimes des conflits armés, on en vient inévitablement à élaborer des normes qui se recoupent. Une vigilance constante est nécessaire pour que ce recoupement ne se fasse pas au détriment des personnes que l'on souhaite mieux protéger. C'est là le paradoxe d'entreprises nombreuses et d'efforts méritoires, mais souvent trop cloisonnés[29].

2. Normes concernant la conduite des hostilités

Il est indéniable que la réintroduction, dans le droit international humanitaire conventionnel (Protocole additionnel I de 1977), de normes concernant la conduite des hostilités pose des problèmes aigus d'application et de contrôle.

En effet, dans l'orientation qu'il avait prise jusqu'alors, le droit international humanitaire n'avait pratiquement pas d'incidence sur l'évolution militaire des conflits armés. Visant à protéger les personnes hors de combat à la merci de leur adversaire sur le champ de bataille ou celles en leur pouvoir (prisonniers de guerre, internés civils, populations de territoires occupés), il imposait en effet des normes dont l'observation ou la non-observation n'était guère de nature à influencer le déroulement d'un conflit armé. En décidant, dans le souci légitime de mieux protéger l'ensemble de la population civile contre les effets désastreux de bombardements massifs, de réintégrer, en les réaffirmant et en les développant, les normes concernant la conduite des hostilités élaborées au début du siècle à La Haye[30] et qui, depuis lors, avaient connu peu de développement, le droit humanitaire a fait un pari nécessaire, mais audacieux.

Pari nécessaire, car il ne pouvait, dans son souci de protéger l'ensemble des victimes des conflits, ignorer plus longtemps le fait que les méthodes et moyens de guerre actuels provoquent d'innombrables victimes parmi la population civile.

Pari audacieux, parce que en se penchant sur les méthodes et moyens de guerre, le droit humanitaire entrait de manière plus aiguë en confrontation avec les militaires soucieux de ne pas avoir d'entrave dans leur mandat d'assurer la défense de leur pays par tous les moyens.

Les problèmes liés aux dispositions touchant aux méthodes et moyens de guerre ont fait l'objet des recherches d'un participant.

Il fut relevé notamment que, si l'objectif général de l'ensemble des dispositions du droit humanitaire restait bien d'humaniser la guerre autant que possible, la différence de ces normes d'avec celles inscrites dans les Conventions de Genève était bien leur impact possible sur l'évolution militaire du conflit. Toutefois, il est apparu clairement que certains des objectifs qui avaient été recherchés, bien que loin d'être négligeables, n'avaient pas un tel impact. A cet égard, on mentionnera l'objectif d'éviter des dommages civils sans lien avec des objectifs militaires. C'est en ce sens que furent réaffirmées l'interdiction d'attaquer la population civile en tant que telle et celle de la terroriser[31]. On relèvera également l'objectif d'imposer aux militaires toutes les précautions voulues pour éviter les dommages civils et, en cas de choix entre deux moyens d'obtenir le même avantage militaire, d'opter pour le moins dommageable pour la population civile[32]. De telles règles peuvent paraître aller de soi, mais leur stricte observation aurait sauvé d'innombrables vies et leur réaffirmation était donc bien nécessaire.

a) *Le principe de proportionnalité*

Le cœur du problème réside cependant dans un principe qui peut mener jusqu'à renoncer délibérément à un avantage militaire, au nom de considérations humanitaires: *le principe de proportionnalité.* Il demande en effet de

> «s'abstenir de lancer une attaque dont on peut s'attendre qu'elle cause incidemment des pertes en vies humaines dans la population civile, des blessures aux personnes civiles, des dommages aux biens de caractère civil, ou une combinaison de ces pertes et dommages, qui seraient excessifs par rapport à l'avantage militaire concret et direct attendu»[33].

Il a été relevé qu'un tel principe est, certes, indispensable: on ne saurait raser une ville, pour prendre un exemple extrême, sous prétexte que trois soldats y ont trouvé refuge. Mais son caractère peu précis et subjectif de même que la difficulté d'en vérifier l'application ont également été soulignés, sans cependant que l'on puisse même souhaiter plus de précision: il est impensable qu'on en arrive à une définition de l'avantage militaire et à une pondération de cet avantage et des dommages acceptables.

En réalité, c'est sa prise en compte dans les instructions données aux militaires, à travers des cas pratiques, qui, seule, permettra d'en assurer l'application.

Enfin, il est apparu important de ne pas utiliser ce principe pour faire sortir le droit humanitaire de sa fonction première. Le poussant à l'extrême, on pourrait en effet être tenté de l'utiliser dans les grands débats philosophiques sur la mort et la liberté, relancés par la possibilité matérielle existant aujourd'hui d'anéantir l'humanité par les armes nucléaires. Ce serait rendre un bien mauvais service au droit humanitaire que de chercher une réponse aux questions du type «mieux vaut-il l'asservissement que l'anéantissement ?» dans le principe de proportionnalité introduit dans le droit humanitaire, qui, d'ailleurs, mentionne bien, comme terme de référence, «l'avantage militaire concret et direct attendu».

b) *L'interdiction d'armes*

L'utilisation du droit humanitaire à des fins dépassant son cadre, évoquée ci-dessus à propos du principe de proportionnalité, est également d'actualité dans le débat à propos des armes nucléaires. Cela provient, notamment, du fait que le Protocole I interdit «des attaques dans lesquelles on utilise des méthodes ou moyens de combat qui ne peuvent pas être dirigés contre un objectif militaire déterminé»[34].

Certains estiment, de ce fait, que les armes nucléaires ne peuvent en tout état de cause pas être utilisées conformément au droit humanitaire et en tirent des arguments dans le débat politique sur la possession ou l'implantation d'armes nucléaires.

Cette utilisation politique du droit humanitaire est contestable à deux égards: d'abord, elle met évidemment en danger son acceptation universelle, fondée justement sur le fait qu'il n'est que le reflet de valeurs humanitaires et reste à l'écart de la politique; ensuite, elle contredit la volonté même du législateur, les Etats ayant décidé, dans leur majorité, lors de la Conférence diplomatique sur la réaffirmation et le développement du droit international humanitaire applicable dans les conflits armés (1974-1977), de ne pas aborder la question des armes de destruction massive dans ce forum et de la réserver à ceux du désarmement[35].

Reste cependant que l'interdiction des moyens de combat indiscriminés pose un problème d'application du droit humanitaire qu'on ne peut éluder. A l'évidence, si l'utilisation d'armes nucléaires n'est pas totalement proscrite par cette règle, elle est très sérieusement restreinte. Mais, à l'évidence aussi, seuls les Etats, d'un commun accord, pourront fixer la limite d'une manière claire et acceptable pour chacun. On insistera en outre sur le fait qu'il est de leur devoir de le faire sans tarder: l'incertitude laissée sur une aussi grave question est inadmissible.

Cet exercice est d'ailleurs nécessaire pour l'ensemble des moyens dont l'usage devrait être prohibé en vertu des règles réaffirmées ou développées dans le droit humanitaire. Il a partiellement été fait avec l'adoption de la Convention de 1980 sur les armes classiques et de ses trois protocoles. L'élaboration de ces textes a par ailleurs clairement démontré que de tirer les conséquences précises sur l'interdiction ou la restriction de certaines armes, des principes et règles réaffirmés ou développés dans le Protocole I, ne relevait pas de la technique juridique, mais de la négociation politique.

L'importance, pour les Etats, de mettre à jour et de compléter la liste des armes dont l'usage est proscrit ou restreint lors des conflits armés a donc été soulignée, de même que celle de prévoir des procédures de contrôle rapides en cas d'allégation d'usage d'armes prohibées (voir également ci-dessous, titre II, sect. C).

Sur le plan sémantique, enfin, une certaine confusion a pu naître de références au «droit de La Haye» (c'est-à-dire les multiples conventions adoptées lors des «conférences de la paix» tenues à La Haye en 1899 et 1907). Vu l'incertitude qui règne sur l'état de ce droit sur le plan strictement conventionnel et le fait que nombre de ses règles sont tombées en désuétude, il a été suggéré de se référer plus précisément aux «dispositions coutumières résultant du droit de La Haye».

3. *L'envoi de secours*

L'envoi de secours est un troisième exemple, particulièrement pertinent, où les problèmes pratiques d'application du droit humanitaire méritent un examen attentif et des éclaircissements. *A priori,* l'envoi de secours à des populations affamées paraît être une chose naturelle, qui ne devrait pas susciter de problèmes. La réalité est bien différente.

L'organisation de grandes actions de secours nécessite un haut degré de professionnalisme pour résoudre les problèmes logistiques (connaissance des divers moyens de transport et de leurs exigences, des problèmes d'achat et de stockage, des formalités administratives, etc.), sociologiques (connaissance du milieu, des coutumes, des habitudes alimentaires), médicales (identification des principales carences et des moyens propres à y remédier). Cela sans parler des exigences de coordination (souvent insolubles du fait de la multiplication des organisations d'entraide) et, surtout, des exigences politiques (négociations avec les autorités bénéficiaires pour exercer un contrôle sur les secours distribués, pour bénéficier des facilités de déplacement et pour les formalités administratives; négociation également avec les gouvernements donateurs pour obtenir dans les meilleures conditions l'aide et les moyens requis).

Le problème politique est accentué lors des conflits armés, en ce sens que l'aide ne doit pas favoriser l'effort militaire de l'adversaire et que les exigences de contrôle sont donc plus strictes encore.

Dans les Conventions de Genève, la question des secours est essentiellement centrée sur leur acheminement dans les territoires occupés et les lieux de détention. L'envoi de secours pour la population civile d'une partie au conflit n'est traité que sous l'angle de l'obligation, pour la partie adverse, de laisser passer ces secours. Or cette autorisation n'est requise, sur le plan alimentaire, que pour les envois destinés aux enfants de moins de quinze ans et aux femmes enceintes ou en couches[36].

Ces dispositions se sont révélées fort insuffisantes au regard des drames qu'allait engendrer, pour des populations entières, l'émergence de conflits armés dans des pays dont l'équilibre alimentaire, déjà précaire avant le conflit, se rompait tragiquement dès qu'il éclatait.

Deux questions en tout cas devaient être revues : la possibilité de distribuer des secours à l'ensemble des populations civiles affectées, et non plus seulement à des catégories restreintes de personnes ; et le rapport entre celui qui conduit l'action de secours et les autorités du territoire vers lequel elle est entreprise.

Sur le premier point, le Protocole I a donné satisfaction puisqu'il a admis le principe d'actions de secours en faveur de l'ensemble de la population civile du pays en conflit, comportant tous les biens essentiels à la survie de cette population, soit notamment des vivres, des médicaments, des vêtements, du matériel de couchage et des logements d'urgence[37].

Sur le second point, la situation est plus délicate. Le Protocole I impose, à juste titre, à ceux qui entreprennent une action de secours qu'elle soit « de caractère humanitaire et impartial et conduite sans aucune discrimination »[38]. Mais, malgré cela et contrairement au projet initial, il stipule que ces actions seront entreprises « sous réserve de l'agrément des Parties concernées par ces actions de secours ».

Il est rappelé en outre que les autorités qui autorisent le transit des secours peuvent poser l'exigence du contrôle de leur distribution par un organisme neutre[39].

Dans le cadre des conflits non internationaux, enfin, le principe d'actions de secours est également posé, mais aussi sous réserve, ici, de l'accord de la « Haute Partie contractante concernée »[40].

Il résulte de tout cela que les actions de secours de grande envergure nécessitent au départ, et de manière primordiale, un rapport de confiance entre ceux qui entreprennent l'action et les autorités bénéficiaires. Le droit humanitaire ne fixe pas le détail de cet accord, qui peut buter sur de nombreux écueils, dont voici quelques exemples : les autorités souhaitent utiliser des secours à des fins militaires ; l'utilisation de secours au bénéfice des populations civiles favorise en fait un dessein politique contesté (tel que le regroupement de populations ou au contraire la dispersion de certains groupes) ; l'absence de coordination des actions de secours rend leur organisation aléatoire ; l'exigence gouvernementale de coordonner les secours rend le contrôle difficile. De leur côté, les gouvernements peuvent craindre l'effet déstabilisateur, sur leur population et leur pays, d'actions de secours de grande envergure et souvent trop peu soucieuses de respecter les coutumes locales.

Enfin, les pays donateurs peuvent se décourager si des garanties ne sont pas fournies quant à la destination des secours qu'ils fournissent.

Sur le plan juridique, on note, outre l'adoption de règles techniques, de nombreuses propositions de règles modèles concernant les actions de secours[41].

Cependant, en ce qui concerne le rapport avec les autorités, on ne peut guère envisager l'émergence de règles claires et acceptables, propres à assurer le caractère neutre des secours. C'est davantage dans le cadre des cas d'espèce que doit se forger une sorte de « doctrine » en la matière. Les expériences doivent aussi permettre de poursuivre et d'améliorer le dialogue avec l'ensemble des gouvernements, en dehors de ces situations, pour qu'ils comprennent mieux leurs enjeux et pour éviter à tout prix les impasses fatales aux populations innocentes ou la tentation d'imposer de force de vastes actions d'assistance – la résurgence de l'intervention d'humanité – qui risqueraient d'engendrer des maux pires que ceux qu'elles auraient pour but de prévenir.

Mais on peut souhaiter, en revanche, l'élaboration de quelques principes de base à observer par les organisations caritatives. L'absence de connaissances techniques ou du milieu, la politisation et la surenchère, le manque de rigueur dans l'exigence du contrôle ou les déficiences de coordination sont en effet à la source de très grosses difficultés rencontrées dans certaines actions, y compris par des organisations travaillant avec tout le sérieux voulu.

Enfin, on ne saurait ignorer les implications à long terme des actions d'urgence, les risques de dépendance, l'importance de trouver des solutions harmonieuses pour y mettre fin.

Bref, dans ce domaine, le droit humanitaire pose quelques principes de base, ce qui est important, mais un effort de dialogue considérable reste à faire pour que la communauté internationale perçoive mieux les enjeux de ces actions et délimite plus précisément leur procédure.

*

II. Les moyens de contrôle

Une des caractéristiques les plus remarquables du droit international humanitaire réside certainement dans les nombreux mécanismes de contrôle qu'il prévoit et, notamment, dans l'existence d'organismes chargés de contrôler son application sur place.

Le fonctionnement de ces mécanismes a intéressé plusieurs participants, qui en ont fait l'objet de leur travail.

A. Les Puissances protectrices

Le renforcement du système des Puissances protectrices dans le Protocole I de 1977, notamment son caractère plus automatique, va-t-il relancer cette institution qui n'a, il faut hélas le constater, que très peu été mise en œuvre sous le régime des Conventions de Genève ? Il est trop tôt pour le dire puisque le Protocole I n'a pas encore été appliqué jusqu'ici.

Mais les nombreux obstacles pratiques rencontrés dans la mise en place des Puissances protectrices[42] méritaient d'être réexaminés à la lumière de ce nouveau développement. Cet examen ne conduit pas à un grand optimisme, tant il est vrai que seule une ferme volonté politique, trop souvent absente, peut permettre la mise sur pied du système.

L'éventualité d'une approche régionale – dans laquelle le problème du financement des Puissances protectrices, peu évoqué jusqu'ici, devrait être approfondi – mérite cependant de retenir l'attention.

B. Le Comité international de la Croix-Rouge

L'insuccès rencontré jusqu'ici par le système des Puissances protectrices provient peut-être aussi du fait que le CICR a pu très généralement exercer ses activités humanitaires et, dans une certaine mesure au moins, remplir son mandat de veiller à l'application du droit humanitaire.

Le rôle unique, sur la scène internationale, de cette institution privée ayant des compétences de droit public a déjà été largement étudié[43]. Nous ne nous y arrêterons pas, sinon pour relever un point.

Les différentes bases qui sont données au CICR dans les Conventions – il peut agir en tant que tel, mais aussi comme substitut ou quasi-substitut des Puissances protectrices, dans les conflits armés internationaux et il possède un droit d'initiative humanitaire dans les conflits non internationaux, de même que les compétences qui lui sont données dans les statuts du Mouvement international de la Croix-Rouge et du Croissant-Rouge, notamment celle de veiller à l'application du droit humanitaire – permettent au CICR d'avoir une approche souple et nuancée. Dans la pratique, il ne spécifie souvent pas sur quelle base juridique il offre ses services et cette approche pragmatique se révèle payante.

Cette approche mérite réflexion, non pas du fait que le « modèle CICR » puisse se reproduire – il est certainement dû à un concours de circonstances – mais parce qu'il démontre que, dans le droit international, la rigidité des normes de contrôle n'est pas forcément garante d'une meilleure application.

Il est également frappant de constater, à cet égard, que plus de la moitié des pays du monde ont accepté, une fois au moins, les offres de services faites par le CICR pour visiter les personnes détenues lors de troubles ou tensions internes, alors que rien ne les y oblige – la seule base de ces offres est un droit d'initiative humanitaire conféré au CICR par les statuts ci-dessus mentionnés – et que le CICR pose pourtant à de telles visites, pour garantir leur sérieux, des conditions rigoureuses[44].

C. Les procédures d'enquête et d'établissement des faits

Cette question a également fait l'objet de la recherche d'un participant. Les procédures d'enquêtes prévues par le droit international humanitaire ont ceci de particulier qu'elles s'inscrivent à côté des organismes de contrôle qui doivent, de manière permanente, veiller à l'application du droit international humanitaire. Les Puissances protectrices, ou le CICR en tant que leur substitut, ont en quelque sorte une tâche permanente d'enquêteur, leur rôle étant, notamment dans les lieux de détention, mais aussi sur les champs de bataille ou dans les territoires occupés, de veiller au respect des dispositions du droit humanitaire.

L'enquête parallèle prend, dès lors, une dimension beaucoup plus accusatrice. Et, de fait, c'est pour vérifier la véracité d'allégations de violations que les enquêtes sont prévues par les Conventions de Genève, à la demande d'une partie au conflit[45]. Le fait que ces enquêtes doivent se faire selon un «mode à fixer entre les Parties intéressées» n'est probablement pas étranger à l'insuccès de cette procédure, car il permet facilement à celui qui n'a pas intérêt à ce que l'enquête se fasse d'y faire obstruction.

Le CICR, quant à lui, a montré peu d'enthousiasme pour jouer un rôle important dans ce type de procédure, qui ne peut qu'aboutir à l'absence de conclusions, faute de preuves, ou à l'accusation publique d'une partie au conflit. Il craint en effet que ce rôle soit mal accepté des parties accusées, les conduise, pour se défendre, à l'accuser de mensonge ou de manquements à la neutralité, et qu'il remette en question la fonction beaucoup plus importante qu'il exerce en tant que substitut ou quasi-substitut des Puissances protectrices. Par ailleurs, les enquêtes nécessitent souvent des compétences scientifiques qu'il ne prétend pas avoir.

De ce fait, le CICR a publiquement fait savoir que si toutes les parties intéressées le lui demandent il se bornerait «à choisir, en dehors de son sein, des personnes qualifiées pour faire partie d'une telle commission»[46].

La question des enquêtes a cependant été relancée par le Protocole I, qui a institué, à son article 90, une procédure beaucoup plus détaillée et la création d'une Commission internationale d'établissement des faits. Est particulièrement intéressante la possibilité des parties contractantes de s'engager à accepter la compétence obligatoire de la commission en cas d'allégation de violation de toute autre partie contractante ayant également accepté cette compétence obligatoire. La procédure pourrait donc être mise en marche par simple demande d'une telle partie, même non engagée dans le conflit armé en question.

Cette procédure n'a malheureusement pas rencontré l'enthousiasme des Etats puisque, au 31 décembre 1986, seuls six Etats sur les soixante-six qui se sont liés au Protocole I jusqu'ici ont accepté la compétence obligatoire de la commission et que celle-ci n'a pas encore été créée, le nombre de vingt adhérents à cette procédure étant préalablement requis par l'article 90.

Il est difficile de prédire l'avenir mais la constitution d'une telle commission, même si relativement peu d'Etats reconnaissaient sa compétence obligatoire, constituerait un élément nouveau, certainement propre à relancer l'intérêt pour ces procédures. Il est donc jugé important de souligner, auprès des Etats parties au Protocole I ou de ceux qui envisagent de le devenir, l'intérêt de la déclaration prévue à l'article 90.

Un autre élément mérite d'être relevé : les enquêtes réalisées, dans un conflit actuel, par des commissions mises sur pied par l'Organisation des Nations Unies, avec l'accord des parties concernées[47]. Il a été démontré qu'une certaine pression pouvait inciter les parties à un conflit à accepter de telles enquêtes, sous peine de voir interpréter leur refus comme un aveu de culpabilité.

Mais les enquêtes n'ont de chance de succès que si elles portent sur des éléments de fait aussi précis que possible, si la compétence scientifique et la neutralité des enquêteurs sont largement reconnues et si les délais de mise en œuvre sont courts.

En ce sens, l'établissement d'une commission reconnue et entourée d'experts à la compétence incontestable, choisis en dehors du contexte passionnel d'un conflit, serait certainement un atout non négligeable par rapport aux deux dernières exigences.

On peut espérer que l'existence d'une telle commission ait également un effet dissuasif, notamment en ce qui concerne l'utilisation d'armes interdites. Raison supplémentaire pour encourager les Etats à favoriser sa création.

D. L'obligation de «faire respecter» le droit international humanitaire

Les Conventions de Genève, comme leur Protocole additionnel I, stipulent que les parties à ces traités s'engagent à les « faire respecter» (cf. l'article 1 commun aux quatre Conventions et l'article 1, paragraphe 1, du Protocole I). Cette disposition signifie que les parties contractantes ont obligation de contribuer au respect de ces Conventions chaque fois que celles-ci sont applicables, soit même dans les conflits où elles ne sont pas engagées. Cette interprétation de la disposition, retenue notamment dans les commentaires du CICR[48], est généralement admise. La légitimité d'un appel du CICR lancé sur cette base à l'ensemble des parties aux Conventions de Genève pour mieux faire respecter le droit humanitaire dans un conflit actuel n'a, ainsi, été contestée par aucune de ces parties[49].

En revanche, il est apparu que nombre d'entre elles s'interrogeaient non seulement sur ce qu'elles pouvaient matériellement entreprendre, mais aussi sur la portée de cette obligation de « faire respecter » le droit humanitaire.

Un des participants à la section française en a judicieusement fait son thème de recherche et l'utilité de cette étude ne fait pas de doute, cette question ayant été relativement peu explorée jusqu'ici[50].

Il est notamment apparu, à ce sujet, qu'il s'agissait d'une obligation juridique et non d'un simple principe général ; que cette obligation incombait à chaque Etat individuellement et qu'il ne s'agissait donc pas d'une obligation collective ; qu'on était en présence d'une obligation de moyens et non de résultat (exiger des Etats qu'ils imposent le respect du droit humanitaire reviendrait à les autoriser à utiliser la force, en contradiction avec la Charte des Nations Unies, ce qui n'est évidemment pas le cas).

Les articles des Conventions de Genève et de leur Protocole additionnel I, donnant une base d'action possible aux titulaires de l'obligation de « faire respecter » ont, par ailleurs, été examinés et divisés en différentes catégories. Un tel exercice tend à fournir aux parties contractantes un véritable mode d'emploi ou, plus précisément et prosaïquement, l'équivalent d'une carte de restaurant, avec obligation de consommer. Y a-t-il possibilité de consommer des « extras », c'est-à-dire de rechercher des moyens en dehors de ces traités ? La question est controversée[51], mais il paraît utile, en tout état de cause, de définir le contenu minimal de l'obligation, mais aussi son seuil supérieur, déjà évoqué ci-dessus.

Cet exercice n'aboutit pas à des conclusions très optimistes sur l'efficacité de ce moyen de mise en œuvre. Mais si l'on reste conscient de la complémentarité des différents moyens prévus, il est important de tirer le meilleur parti de chacun d'entre eux. En ce sens, l'effort de démontrer aux Etats ce que l'obligation de « faire respecter » le droit humanitaire exige d'eux et ce qu'ils peuvent envisager d'entreprendre dans ce cadre est certainement propre à favoriser son fonctionnement, tant il est vrai que les gouvernements ont souvent manifesté un certain désarroi quand cette obligation leur était rappelée.

*

III. Les moyens de répression

Nous l'avons rappelé, il n'y a pas véritablement, dans le système international actuel, de police et d'appareil judiciaire. C'est donc essentiellement aux Etats eux-mêmes qu'il appartient de réprimer les infractions au droit international humanitaire. Celui-ci a donc prévu, en sus de l'obligation imposée aux parties en conflit de faire cesser toute infraction, celle de réprimer toute infraction grave. La liste de ces infractions, qui sont également qualifiées de crimes de guerre, est établie dans les Conventions de Genève et le Protocole additionnel I[52]. Par ailleurs, ces traités requièrent l'entraide judiciaire entre parties concernées[53] et instituent la juridiction universelle pour les crimes de guerre, soit le devoir, pour chaque Etat partie, de les punir ou d'extrader leurs auteurs *(aut judicare aut dedere)*[54].

Deux participants ont centré leur recherche sur un aspect de la répression prévue par le droit humanitaire. Le premier s'est penché sur un délicat problème qui se pose d'abord dans le cadre interne, celui de l'excuse tirée du fait qu'une infraction a été commise par obéissance aux ordres de supérieurs. Le second s'est penché sur les problèmes liés à la répression sur le plan international et sur les mesures à prendre par les Etats à cet égard.

A. L'excuse des ordres supérieurs

Indéniablement, s'il est un point délicat dans la mise en œuvre du droit international humanitaire, c'est bien « l'obligation de désobéir » qu'il impose à ceux auxquels il est ordonné d'accomplir des actes violant ce droit. La discipline militaire est souvent considérée comme un élément essentiel à l'efficacité de l'action et tout ce qui pourrait tendre à l'affaiblir sera vu avec beaucoup de méfiance par nombre de militaires.

A cela il convient de répliquer, d'abord, que le problème ne se posera pas si les officiers connaissent et respectent les valeurs du droit international humanitaire. On avancera ensuite le fait que l'efficacité d'une armée sera minée bien davantage si les troupes perdent confiance dans les valeurs qu'elles défendent. En ce sens, la stricte observation du droit humanitaire a souvent été présentée comme un facteur important de cohésion interne et, donc, d'efficacité militaire. Enfin, on soulignera que, de toute manière, l'obéissance aveugle aux ordres de son supérieur ne peut pas être présentée comme une norme absolue, sous peine de voir des soldats tirer sur leurs propres troupes par obéissance aux ordres d'un officier qui aurait changé de camp.

Mais dès le moment où l'on admet le devoir de refuser un ordre illégal, il faut aussi mettre en place des garanties pour celui qui refuse un ordre quel qu'il soit, dont la légalité présumée doit pouvoir être mise en cause, de manière sereine, devant un tribunal indépendant. De telles garanties seront d'ailleurs un élément essentiel pour apprécier le degré de culpabilité d'un « criminel sur ordre », tant il est vrai qu'il est difficile d'exiger d'un soldat qu'il choisisse de mourir par respect du droit.

La recherche effectuée pendant le Centre a consisté à examiner les solutions généralement apportées à ce problème dans les différents ordres internes et la solution du droit international. Elle a conduit l'auteur de la recherche à s'interroger avant tout sur le problème essentiel, évoqué ci-dessus, des garanties procédurales qu'il est indispensable d'introduire dans les législations nationales si l'on veut faire jouer la responsabilité individuelle du soldat eu égard à l'application du droit humanitaire, notamment par le refus d'ordres illégaux[55].

B. La coopération et les sanctions internationales

Les tribunaux de Nuremberg et de Tokyo ont établi une distinction entre les crimes de guerre, les crimes contre l'humanité et les crimes contre la paix. L'adjonction, dans le Protocole I de 1977, de nouvelles « infractions graves », qualifiées de crimes de guerre, à la liste établie dans les Conventions de Genève de 1949, justifie un réexamen de cette distinction, notamment de la ligne de démarcation entre les crimes de guerre et les crimes contre l'humanité[56].

Mais la notion de crimes de guerre mérite aussi d'être confrontée avec celle de crime politique, pour examiner dans quelle mesure ces notions s'excluent ou se recoupent et, le cas échéant, les conséquences d'un recoupement, notamment dans le domaine de l'extradition: la nature politique d'un crime incite à refuser une extradition qu'exigerait sa qualification de crime de guerre.

La classification nécessaire de ces notions et de leurs recoupements a été l'objet de recherches de l'un des participants, qui s'est également penché sur l'aspect universel de la répression des infractions graves.

L'entraide judiciaire prévue par le droit international humanitaire a été analysée sous l'angle de son implication sur les législations internes, dont l'adaptation peut être rendue nécessaire, et au travers des moyens envisagés: la compétence juridictionnelle universelle et l'extradition. Le caractère facultatif de l'entraide judiciaire dans le cadre des conflits armés non internationaux – l'entraide judiciaire n'est prévue ni dans l'article 3 commun aux Conventions de Genève ni dans le Protocole II de 1977 – a également fait l'objet d'un examen, comme la restriction au caractère obligatoire de l'extradition que pourrait apporter, dans les conflits armés internationaux, l'excuse politique (recoupement, évoqué ci-dessus, entre crimes de guerre et crimes politiques).

En conclusion, il paraît surtout important d'admettre que le système de l'entraide judiciaire est conçu pour fonctionner entre Etats de bonne volonté qui cherchent unanimement à poursuivre des personnes qu'elles s'accordent à considérer comme des criminels de guerre. Ainsi en serait-il d'un chef de guerre qui aurait commis de tels crimes contre l'avis de ses propres autorités et serait recherché par celles-ci comme par l'ensemble des autres Etats.

Dans les cas les plus graves, cependant, les crimes de guerre sont le fait des autorités elles-mêmes. Le problème peut alors se poser de deux manières: d'abord sous l'angle de sanction contre l'Etat lui-même, qui est d'une autre nature[57]; mais aussi, ensuite, par rapport à la poursuite éventuelle des membres de ces autorités, à titre individuel, voire du chef de l'Etat. Cette question mérite examen dans le cadre des dispositions du droit humanitaire, mais évidemment sans négliger les immunités dont doivent bénéficier ces personnes.

A cet égard, le projet de code des crimes contre la paix et la sécurité de l'humanité discuté par la Commission du droit international a certes repris le principe, établi par le statut du Tribunal de Nuremberg, selon lequel le fait qu'une personne ait agi en qualité de chef d'Etat ou de gouvernement ne dégage pas sa responsabilité criminelle en droit international[58]. La pratique, la structure de la communauté internationale contemporaine et le bon sens démontrent cependant qu'on ne peut espérer voir les autorités d'un Etat arrêter un chef d'Etat étranger de passage ou en visite pour le motif qu'il est un criminel de guerre. On ne saurait d'ailleurs le souhaiter, vu le grand désordre qui en résulterait inévitablement dans les relations internationales, et certaines des réflexions faites sur la portée limitée de l'obligation de «faire respecter» le droit international humanitaire sont également pertinentes ici.

Cette limitation laisse cependant une certaine amertume. Certains souhaitent alors relancer l'idée d'un tribunal pénal international[59]. Mais pourrait-il fonctionner pour juger un chef d'Etat ou de gouvernement, dans le cadre de la structure actuelle de la communauté internationale, si celui-ci n'était pas préalablement déchu ?

Une ambition plus limitée, mais plus réaliste, paraît être celle de mieux faire connaître les crimes de guerre et de contribuer à leur insertion dans les différents droits pénaux internes. En d'autres termes, il s'agit de développer une conscience universelle du caractère criminel de tels actes, de sorte que cette conscience et leur propre ordre interne soient un obstacle aux gouvernants peu scrupuleux. Quant à ceux que même ces obstacles ne rebuteront pas, il n'y a probablement pas d'autre choix que d'attendre leur chute !

*

IV. Conflits non internationaux et droits de l'homme

Le droit international humanitaire a été conçu pour s'appliquer lors des conflits armés internationaux. On ne peut ignorer cependant, quand on parle de sa mise en œuvre, que son applicabilité intégrale n'est reconnue que dans une petite minorité de conflits.

Cela provient de divers facteurs, dont les principaux nous paraissent être les suivants :

- la majorité des conflits actuels sont internes ;
- la guerre entre Etats étant proscrite par la Charte des Nations Unies, ceux-ci reconnaissent moins facilement l'existence d'un véritable conflit armé ;

- certaines interventions étrangères sont présentées comme de l'assistance aux gouvernements dans le cadre de conflits internes ;
- le droit international humanitaire ne définit pas le seuil à partir duquel l'assistance étrangère à l'une ou l'autre des parties à un conflit interne internationalise ce conflit.

Nous avons évoqué plus haut le problème de la qualification des conflits (titre I, sect. A, par. 2 *b)*) ; nous n'y revenons pas ici. Il est cependant apparu aux participants que l'on ne pouvait ignorer le fait que la plupart des moyens prévus par le droit international humanitaire pour faciliter sa mise en œuvre étaient soit inadaptés, soit seulement facultatifs sous le régime des conflits armés non internationaux, c'est-à-dire dans la grande majorité des cas.

Un des participants a donc centré son propos sur la mise en œuvre du droit humanitaire lors des conflits armés non internationaux.

Si le régime des conflits armés non internationaux est souvent une sorte de « filet de sécurité » pour certains conflits dont le caractère international est contesté, on doit également se demander s'il existe un tel « filet » lorsque c'est le caractère même de *conflit armé* de certains affrontements qui est controversé.

Dans le premier cas, on reste dans le système du droit international humanitaire (même si ce système n'est pas exclusif : la protection conférée par le système des droits de l'homme n'est évidemment pas supprimée dès lors que le droit international humanitaire est applicable et les interactions entre les systèmes sont, au contraire, propres à renforcer la protection des victimes).

Dans le second cas, on sort du système du droit international humanitaire et la protection des victimes, sur le plan du droit international, n'est plus assurée que dans le cadre du système des droits de l'homme.

Le rapport entre le droit international humanitaire et les droits de l'homme est donc un élément très important. Il a également fait l'objet des recherches d'un participant.

A. La mise en œuvre du droit international humanitaire lors des conflits armés non internationaux

Les conflits armés non internationaux ont certes déjà fait l'objet d'une littérature abondante[60].

Un certain nombre de problèmes, imparfaitement résolus, méritent cependant d'être repris.

1. *L'existence d'un conflit armé*

Le premier d'entre eux concerne la reconnaissance de facteurs objectifs permettant de conclure à l'existence d'un conflit armé. Les Conventions de Genève sont muettes à ce sujet. Dans le commentaire publié par le CICR, le seuil est fixé très bas pour les conflits armés internationaux. Il est dit en effet que :

> « Tout différend surgissant entre deux Etats et provoquant l'intervention de membres des forces armées est un conflit armé au sens de l'article 2, même si l'une des Parties conteste l'état de belligérance. La durée du conflit ni le caractère plus ou moins meurtrier de ses effets ne jouent aucun rôle. »[61]

En ce qui concerne les conflits armés non internationaux, le problème fut longuement débattu à la Conférence diplomatique de 1949, où il fut envisagé de les définir avant qu'on y renonce[62]. Le commentaire publié par le CICR mentionne un certain nombre de conditions tirées de divers amendements, mais relève qu'elles n'ont pas un caractère obligatoire et que l'article 3 s'applique même si elles ne sont pas remplies[63].

L'applicabilité du Protocole II, en revanche, a été subordonnée à un certain nombre de conditions[64] :

a) il doit y avoir conflit armé (cette notion n'étant cependant pas elle-même définie) ;
b) ce conflit armé n'est pas couvert par le Protocole I (définition par exclusion) ;
c) il se déroule sur le territoire d'une Haute Partie contractante ;
d) les « forces armées dissidentes » ou les « groupes armés organisés » sont sous la conduite d'un commandement responsable ;
e) ils exercent un contrôle tel sur une partie du territoire qu'il leur permet :
  i) de mener des opérations militaires continues et concertées,
  ii) d'appliquer le Protocole ;
f) il ne s'agit pas de « situations de tensions internes, de troubles intérieurs, comme les émeutes, les actes isolés et sporadiques de violence et autres actes analogues, qui ne sont pas considérés comme des conflits armés »[65].

Cette définition donne donc des éléments d'appréciation, même si ces éléments restent eux aussi sujets à interprétation. Le problème subsiste malgré tout, car il a été souligné, lors de la Conférence diplomatique de 1974-1977, que certains conflits, d'une intensité inférieure à celle fixée pour l'application du Protocole II, pouvaient cependant entraîner l'application de l'article 3 commun aux quatre Conventions de Genève[66].

Le problème est d'une autre portée pour les conflits armés non internationaux que pour les conflits entre Etats. Comme on l'a relevé ci-dessus, il est justifié que l'usage de la force dans les relations entre Etats entraîne l'applicabilité du droit international humanitaire même s'il est très limité. Mais, dans ce cadre, l'existence des Etats est clairement préétablie. Dans le cadre d'un conflit non international, c'est la reconnaissance de l'existence d'un conflit armé qui détermine celle de « partie » à ce conflit, sujette à des droits et obligations, cela même si l'article 3 commun aux quatre Conventions indique que son application « n'aura pas d'effet sur le statut juridique des Parties au conflit »[67].

On ne peut donc ignorer l'enjeu et la nécessité de critères, sous peine de voir n'importe quel groupuscule se déclarer en état de guerre ou, au contraire, des gouvernements nier l'évidence d'un conflit armé sur leur territoire.

A cet égard, on relèvera que les critères donnés pour le Protocole II, même s'ils ne s'imposent pas pour rendre applicable l'article 3 commun aux quatre Conventions, sont un précieux point de départ, de même que les critères discutés lors de la Conférence diplomatique de 1949. Ainsi, il paraît plus utile aujourd'hui de contribuer à éclairer les notions introduites dans le Protocole II pour satisfaire à l'exigence du contrôle que de chercher à fixer des exigences différentes pour l'applicabilité de l'article 3 commun aux quatre Conventions.

L'établissement de critères aussi objectifs que possible facilitera en outre le travail des organismes, tel le CICR, habilités à offrir leurs services lors des conflits internes. Il les aidera à adopter une attitude ferme à l'égard de l'existence même d'un conflit armé, attitude conciliable avec l'exigence qui leur est posée de rester en dehors de la controverse politique. En effet, si une prise de position à ce sujet peut, certes, déplaire à un gouvernement soucieux de minimiser les événements qui se déroulent sur son territoire, elle n'a pas le caractère hautement politique qu'aurait une prise de position sur le caractère international controversé d'un conflit armé (à ce sujet, voir ci-dessus, titre I, sect. A, par. 2 *b)*).

2. *L'engagement de la partie «dissidente»*

La partie «dissidente» à un conflit armé non international est, selon le système des Conventions de Genève, qui n'a pas été modifié sur ce point par le Protocole II, juridiquement obligée d'appliquer le droit humanitaire par l'engagement pris par le gouvernement – et, selon les cas, confirmé par le parlement – valable pour l'ensemble de l'Etat.

Le commentaire publié par le CICR indique cependant bien que des doutes furent exprimés, à la Conférence diplomatique de 1949, sur le fait que les «insurgés» puissent être ainsi juridiquement liés[68]. Par ailleurs, un des arguments principaux utilisés pour défendre l'obligation juridique d'appliquer l'article 3 consiste à dire que les obligations imposées par cette disposition font partie du droit international coutumier impératif et qu'on ne saurait avoir la prétention de s'intégrer à la communauté internationale si l'on s'oppose à leur application.

Cet argument est certainement valable. Il résout pratiquement le problème de l'application de l'article 3, mais laisse ouverte la question de l'existence, ou non, d'un lien *conventionnel.* Or ce problème reprend une certaine importance avec le Protocole II, dont toutes les dispositions, plus détaillées, ne sont certainement pas de *jus cogens.*

Même si la validité de l'engagement conventionnel pour la partie «dissidente» est généralement acceptée[69], il paraît donc préférable, dans la pratique, de requérir d'une partie «dissidente» à un conflit interne dans lequel le Protocole II est applicable qu'elle déclare formellement sa volonté de l'appliquer.

Enfin, l'examen de la responsabilité de la partie gouvernementale pour les actes de la partie dissidente et de la situation qui résulterait, sous cet angle, de la prise du pouvoir de celle-ci, mérite également de retenir l'attention[70].

3. *L'application pratique*

L'article 3 commun aux quatre Conventions de Genève demande aux parties de s'efforcer «de mettre en œuvre par voie d'accords spéciaux tout ou partie des autres dispositions» des Conventions. Mais, indépendamment de cela, et comme on l'a déjà relevé, les dispositions détaillées de celles-ci donneront, dans des cas pertinents, des indications précieuses pour la mise en œuvre de cet article. Le Protocole II, à cet égard, devient également un utile instrument de référence. Ainsi, par exemple, l'obligation de respecter les garanties judiciaires « reconnues comme indispensables par les peuples civilisés » lors de procédures de jugement est éclairée par l'article 6 du Protocole II, qui énumère un certain nombre de ces garanties.

Comme on l'a dit pour les mouvements de libération, l'élaboration de solutions pratiques permettant à la partie dissidente d'un conflit armé de remplir ses obligations humanitaires serait d'une grande utilité, même si de telles solutions doivent pouvoir s'adapter aux cas d'espèce, chaque fois différents.

Deux éléments, du ressort de la partie gouvernementale, ont en outre été jugés importants pour le succès de l'application du droit humanitaire lors des conflits internes.

a) *Utilisation d'armes proscrites dans les conflits armés internationaux*

Le premier est l'engagement que devrait prendre la partie gouvernementale de ne pas utiliser des armes ou méthodes proscrites par le droit international dans les conflits internationaux. La question se pose même pour les conventions récentes : ainsi en est-il, notamment, de la Convention de 1980 sur l'interdiction ou la limitation de l'emploi de certaines armes classiques, qui n'est formellement applicable que dans les conflits internationaux. Mais, comme il l'a été relevé, on verrait mal « les gouvernements s'autoriser à utiliser contre leur propre population, lors de conflits non internationaux – voire de troubles intérieurs –, ce qu'ils s'interdisent contre un ennemi extérieur »[71]. A l'évidence, une telle attitude serait fort peu propice à créer un climat favorable à l'application du droit humanitaire.

b) *Exécutions capitales*

Le second élément peut s'exprimer comme suit : si un combattant engagé dans un conflit international bénéficie, grâce au droit international humanitaire, d'une immunité pour le fait même qu'il se soit battu, il n'en va pas de même pour le combattant engagé dans un conflit non international.

Cette différence est logique. Dans le premier cas, le combattant est, en effet, l'instrument de ses autorités légales, et on ne peut lui reprocher son obéissance à leur égard. Il ne sera donc jugé et puni que s'il a eu dans le combat un comportement contraire au droit international humanitaire. Quant à son internement quand il n'a pas eu un tel comportement, il n'a pas un caractère punitif, mais se justifie par la nécessité de neutraliser sa force combattante au service de la partie adverse.

Dans le second cas, il est difficile d'empêcher un gouvernement de punir des hommes qui ont bafoué son autorité pour cet acte d'insubordination. De toute manière, cependant, les peines infligées aujourd'hui prennent le plus souvent la forme de l'emprisonnement. Il n'y a donc *a priori* pas un trop grand motif d'inquiétude, pour peu que soient respectées pour la personne détenue les garanties fondamentales – de traitement et judiciaires – requises aussi bien par le droit humanitaire que par le noyau indérogeable des droits de l'homme.

Cette différence d'approche est, par ailleurs, atténuée encore par une disposition introduite à l'article 6, paragraphe 5, du Protocole II, qui dispose ainsi :

> « A la cessation des hostilités, les autorités au pouvoir s'efforceront d'accorder la plus large amnistie possible aux personnes qui auront pris part au conflit armé ou qui auront été privées de liberté pour des motifs en relation avec le conflit armé, qu'elles soient internées ou détenues. »

Ainsi, le combattant capturé dans un conflit armé non international peut partager avec le prisonnier de guerre l'espoir de voir la fin du conflit mettre également un terme à sa captivité.

Tout cela est bel et bon sauf dans un cas : celui où le combattant capturé est exécuté pour son insubordination. Or la peine de mort n'est pas proscrite par le droit international dans ces cas.

Il a donc paru important – en dehors même du débat fondamental sur la peine de mort – d'encourager vivement les gouvernements à renoncer totalement aux exécutions capitales, sinon aux condamnations à mort, en relation avec des conflits internes.

Comment ne pas comprendre, en effet, que de telles exécutions rendraient très aléatoires les chances de voir les forces « dissidentes » respecter scrupuleusement leurs obligations à l'égard des combattants qu'elles captureraient et, plus généralement, compromettraient toute l'application du droit humanitaire ?

4. La présence d'un organisme tel que le Comité international de la Croix-Rouge

Nous avons relevé plus haut l'importance qu'il fallait attacher à la présence d'un organisme tel que le CICR dans le cadre de conflits dont le caractère international ou non international était controversé. En fait, cette remarque est également valable pour tout conflit non international.

Quoique facultative dans ces conflits, la présence d'un tel organisme paraît bien nécessaire, pour veiller à l'application du droit humanitaire d'abord, mais aussi pour servir d'intermédiaire entre les parties ou pour les conseiller – notamment la partie « dissidente », souvent mal préparée à cet égard – dans le choix des mesures pratiques à prendre pour mettre en œuvre le droit humanitaire applicable dans ce contexte.

Dans les cas où la présence d'un organisme tel que le CICR paraît indispensable à une bonne application du droit humanitaire, on peut même estimer qu'il y a, à travers l'obligation générale de respecter le droit humanitaire, une certaine obligation d'accepter les offres de services d'un tel organisme.

V. Rapport entre droit humanitaire et droits de l'homme

Cette question a déjà été passablement débattue par la doctrine[72]. Deux points ont cependant été particulièrement examinés.

A. Interactions du système des droits de l'homme et de celui du droit international humanitaire

Le système des droits de l'homme et celui du droit international humanitaire se recoupent à l'évidence. Par ailleurs, on constate une tendance accrue, dans le droit humanitaire, à couvrir des catégories toujours plus larges de personnes pendant les conflits armés. L'article 75 du Protocole I est significatif à cet égard : il pose des garanties fondamentales pour

> « les personnes qui sont au pouvoir d'une Partie au conflit et qui ne bénéficient pas d'un traitement plus favorable en vertu des Conventions et du présent Protocole ».

Une restriction importante est cependant apportée à cette disposition : elle n'est applicable à l'égard de ces personnes que « dans la mesure où elles sont affectées » par le conflit armé. Autrement dit, la protection juridique internationale de personnes détenues pendant un conflit sans lien avec celui-ci – notamment pour des crimes de droit commun – n'est assurée que dans le cadre du système des droits de l'homme [73].

Cela justifie la coexistence des systèmes pendant les conflits armés et non la substitution du système du droit humanitaire à celui des droits de l'homme. Mais cette coexistence est utile, en réalité, même pour les personnes effectivement couvertes par les deux systèmes. Leurs moyens de mise en œuvre étant fort différents, ils s'additionnent et renforcent ainsi la protection des personnes qu'ils visent.

Enfin, la question s'est posée de la compétence dans le domaine du droit international humanitaire des organismes, notamment régionaux, chargés de contrôler l'application des droits de l'homme. Il apparaît, à cet égard, que le droit international humanitaire est, à tout le moins, un élément de référence indispensable pour qui doit juger de l'application des droits de l'homme pendant un conflit armé. Ce sera l'application des droits de l'homme pendant un conflit armé. Ce sera notamment le cas pour fixer des limites aux dérogations autorisées par les droits de l'homme dans ces circonstances. En outre, le droit à la vie, pour prendre un exemple simple, ne peut être interprété, pendant un conflit armé, qu'à la lumière du droit international humanitaire.

L'existence d'une compétence directe quant à l'application du droit international humanitaire, considérée alors comme un élargissement du noyau indérogeable des droits de l'homme, mérite également d'être examinée.

B. *Point faible des systèmes de protection*

La protection juridique internationale de l'homme est particulièrement faible dans un type de situation : celle où des troubles ou tensions internes constituent un « danger public exceptionnel » qui « menace l'existence de la nation et est proclamé par un acte officiel » [74]. Les dérogations à certains droits de l'homme sont en effet autorisées dans ces situations sans pour autant entraîner l'application du droit international humanitaire [75].

L'établissement de règles minimales pour ce genre de situation paraît opportun[76]. Leur examen et leur introduction sur le plan régional paraît cependant une étape préalable nécessaire dans l'état actuel de la situation internationale, notamment si l'on veut introduire des mécanismes de contrôle.

Les autorisations de visiter les personnes détenues dans ces circonstances, obtenues à de multiples reprises par le CICR sur une base purement consensuelle, méritent cependant également réflexion[77].

NOTES

1. A ce sujet, cf. notamment Michael Bothe, « International Obligations, Means to Secure Performance », dans Bernhardt (ed.), *Encyclopedia of Public International Law,* Instalment 1 (1981), pp. 101-106, et la bibliographie succincte qu'il mentionne.

2. A ce sujet on signalera, par exemple :

Pour l'Afrique : Emannuel Bello, *African Customary International Humanitarian Law,* Genève, Oyez Publ. Ltd. et ICRC, 1980, 157 pages.

Pour l'Asie : L.-S. Zhu, S. Adachi, L. R. Panna, A. Ibrahim, M. Sornarajah, « Traditional Asian Approaches », *Australian Yearbook of International Law* (Sydney), vol. 9, 1985, pp. 143-244.

Pour l'Amérique latine : José-Maria Ruda, « La conception latino-américaine », *Les dimensions internationales du droit humanitaire,* Paris, Pedone, Institut Henry-Dunant, Unesco, 1986, pp. 61-80.

A propos de l'Islam : Hamed Sultan, « La conception islamique », *Les dimensions internationales du droit humanitaire, op. cit.,* pp. 47-60.

A propos du christianisme : G. I. A. D. Draper, « L'évolution du droit de la guerre : influences du christianisme et de la chevalerie », *Revue internationale de la Croix-Rouge,* 47e année, janvier 1965, pp. 1-24.

Pour de nombreuses autres références, cf. *Bibliography of International Humanitarian Law Applicable in Armed Conflicts,* Genève, ICRC, Institut Henry-Dunant, 1980, 385 pages.

3. On notera à ce sujet que le présent rapport résume quelques-unes des idées émises lors des présentations des participants et dans les discussions subséquentes, mais qu'une publication groupant une sélection de ces travaux est également en préparation.

4. A ce sujet, cf. également *Commentaire des Conventions de Genève du 12 août 1949,* publié sous la direction de Jean Pictet, Genève, CICR, 1952, Ire Convention, art. 1, pp. 25-28, et *Commentaire des Protocoles additionnels du 8 juin 1977,* édité par Y. Sandoz, C. Swinarski et B. Zimmerman, Genève, CICR et Martinus Nijhoff, 1986, art. 80, pp. 953-958.

5. Cf. art. 96, par. 2.

6. Nombre d'Etats parties n'ont pas introduit les modifications nécessaires dans leur législation nationale, et des projets de lois à cet effet ont mis plusieurs années, chez d'autres, avant d'être adoptés.

7. Cf. respectivement les articles 62, 61, 141 et 157 des quatre Conventions de Genève et *Commentaire des Protocoles...,* I, *op. cit.,* par. 3737-3739, p. 1105.

8. Cf. respectivement les articles 58, 57, 138 et 153 des quatre Conventions de Genève ; l'article 95 du Protocole I et, sur la raison d'être de ce délai, *Commentaire Ire Convention, op. cit.,* p. 457.

9. Cf. art. 41, par. 3, Protocole I.

10. Cf. art. 21 ss., IIIe Convention.

11. A ce sujet, cf. l'article 43, paragraphe 1, du Protocole I et *Commentaires des Protocoles..., op. cit.*, par. 1659-1675, pp. 512-520.

12. Cf. art. 2, al. 3, commun aux quatre Conventions.

13. Cf. art. 96, par. 2.

14. En ce sens, cf. *Commentaire des Protocoles..., op. cit.*, par. 3757, p. 1111.

15. A ce sujet, cf. notamment Dietrich Schindler, « International Humanitarian Law and the Internationalization of Internal Armed Conflicts », *International Institute of Humanitarian Law – VIIth Round Table on Current Problems – San Remo, 8-12 Sept. 1981* ; « The Different Types of Armed Conflicts according to the Geneva Conventions and Protocols », *RCADI*, tome 163 (1979-II), pp. 117-164; H. P. Gasser, « Internationalized Non-international Armed Conflicts: Case Studies », *The American University Law Review*, vol. 33, automne 1983, pp. 145-161.

16. A ce sujet, outre les articles cités note 15, cf. notamment Michael Bothe, « Völkerrechtliche Aspekte des Angola-Konflikts », *ZaöRV*, vol. 77, n°s 3-4, 1977, pp. 572-603.

17. Différentes approches avaient cependant été envisagées, lors des travaux préparatoires à la Conférence diplomatique de 1974-1977, pour résoudre les problèmes posés par de tels conflits. On en trouvera une synthèse dans le *Commentaire des Protocoles..., op. cit.*, par. 4359-4383, pp. 1350-1352.

18. En ce sens, cf. également l'arrêt de la Cour internationale de Justice dans l'affaire *Nicaragua c. Etats-Unis*, du 27 juin 1986, par. 218.

19. A ce sujet, cf. notamment *Commentaire des Protocoles..., op. cit.*, par. 4369-4383, pp. 1350-1352; cf. également *Règles fondamentales du droit international humanitaire applicable dans les conflits armés*, CICR et Ligue des Sociétés de la Croix-Rouge, Genève, 1979. Il est toutefois bien précisé, dans ce fascicule, que les règles qu'il contient « n'entendent nullement remplacer les règles en vigueur » et sont uniquement destinées « à faciliter la diffusion du droit international humanitaire ».

20. Conférence qui réunit, en principe tous les quatre ans, les gouvernements parties aux Conventions de Genève, les Sociétés nationales de la Croix-Rouge et du Croissant-Rouge, la Ligue de ces sociétés et le Comité international de la Croix-Rouge (CICR).

21. Résolution IV de cette Conférence.

22. Cf. respectivement les articles 47, 48, 127 et 144 des quatre Conventions, l'article 83 du Protocole I et l'article 19 du Protocole II ainsi que, sur l'obligation particulière, à cet égard, des commandants envers leurs subordonnés, l'article 87, paragraphe 2, du Protocole I.

23. Cf. art. 6, par. 1, Protocole I.

24. Art. 82, Protocole I.

25. Cf. respectivement les articles 48, 49, 128 et 144 des quatre Conventions et l'article 84 du Protocole I.

26. On notera, à ce sujet, que la XXVe Conférence internationale de la Croix-Rouge a adopté, par consensus, une résolution allant dans ce sens.

27. Ce point de vue est largement partagé par le CICR, qui a publié à cette fin des commentaires à chacune des quatre Conventions de Genève (respecti-

vement en 1952, 1959, 1958 et 1956) et à leurs Protocoles additionnels (cf. note 4).

28. Cf. art. 77, Protocole I.

29. A ce sujet, cf. Françoise Krill, «The United Nations Convention on the Rights of the Child and His Protection in Armed Conflicts», *Mennesker og Rettigheter,* n° 3, 1986, pp. 39-43.

30. Lors des Conférences de la paix.

31. Art. 51, par. 2, Protocole I.

32. Cf. art. 57, notamment par. 1 et 3, Protocole I.

33. Art. 57, par. 2 iii), Protocole I. A ce sujet, cf. également *Commentaire des Protocoles..., op. cit.,* par. 2204-2210, pp. 701-704.

34. Art. 51, par. 4, al. *b).*

35. A ce sujet, cf. *Commentaire des Protocoles..., op. cit.,* par. 1838-1862, pp. 599-606.

36. Cf. art. 23, IVe Convention de Genève.

37. Cf. art. 69 et 70, Protocole I.

38. Cf. art. 70, Protocole I.

39. Cf. art. 70, par. 3, Protocole I.

40. Cf. art. 18, par. 2, Protocole II. Sur la portée de cette disposition, cf. notamment *Commentaire des Protocoles..., op. cit.,* par. 4877-4894, pp. 1501-1503.

41. A ce sujet, cf. notamment Peter Macalister-Smith, *International Humanitarian Assistance,* Martinus Nijhoff Publishers, Institut Henry-Dunant, Genève, 1985, 244 pages.

42. A ce sujet, cf. notamment Georges Abi-Saab, «Le renforcement du système d'application des règles du droit humanitaire», *Revue de droit pénal militaire et de droit de la guerre,* vol. XII-2, 1973, pp. 223 ss., en particulier pp. 227-228.

43. On trouvera la référence à la plupart des nombreuses publications sur la Croix-Rouge, dont une bonne part plus précisément sur le CICR, dans *Bibliography of International Humanitarian Law, op. cit.,* pp. 83-101.

44. Au sujet de l'activité du CICR en faveur des détenus politiques, cf. notamment Jacques Moreillon, *Le Comité international de la Croix-Rouge et les détenus politiques,* Lausanne, Editions l'Age d'Homme, 1973, 303 pages.

45. Cf. respectivement les articles 50, 53, 132 et 149 des quatre Conventions de Genève.

46. Cf. «Les démarches du Comité international de la Croix-Rouge en cas de violations du droit international humanitaire», tiré à part de la *Revue internationale de la Croix-Rouge,* mars-avril 1981, p. 8.

47. A ce sujet, cf. «Prisonniers de guerre en Iran et en Irak», *Rapport d'une mission envoyée par le Secrétaire général de l'ONU en janvier 1985,* document S/16962 du 19 février 1985; *Rapport des spécialistes désignés par le Secrétaire général pour enquêter sur les allégations de la République islamique d'Iran concernant l'utilisation d'armes chimiques,* note du Secrétaire général au Conseil de sécurité de l'ONU, document S/16433 du 26 mars 1984; *Rapport de la mission envoyée par le Secrétaire général pour enquêter sur les allégations concernant l'utilisation d'armes chimiques dans le conflit entre l'Iran*

et l'Irak, note du Secrétaire général au Conseil de sécurité de l'ONU, document S/17911 du 12 mars 1986.

48. Cf. notamment *Commentaire des Protocoles..., op. cit.,* par. 41-46, pp. 35-36, qui renvoient également au *Commentaire des Conventions.*

49. Au sujet de cet appel, cf. Yves Sandoz, « Appel du CICR dans le cadre du conflit entre l'Irak et l'Iran », *Annuaire français de droit international,* XXIX, 1983, pp. 161-173.

50. On notera cependant quelques études à ce sujet, dont notamment: Luigi Condorelli et Laurence Boisson de Chazournes, dans *Etudes et essais sur le droit international humanitaire et sur les principes de la Croix-Rouge en l'honneur de Jean Pictet,* préparé par Christophe Swinarski, CICR-Martinus Nijhoff, Genève, 1985, pp. 17-35; A. Duquesne, « La responsabilité solidaire des Etats aux termes de l'article premier des Conventions de Genève », *Annales de droit international médical,* n° 15, décembre 1966, pp. 82-89.

51. A ce sujet, cf. notamment Luigi Condorelli et Laurence Boisson de Chazournes, *op. cit.,* pp. 30-35, par. 7-8.

52. Cf. respectivement les articles 50, 51, 130 et 147, des quatre Conventions de Genève et l'article 85 du Protocole additionnel I.

53. Cf. art. 88, Protocole I.

54. Cf. respectivement les articles 49, alinéa 2; 50, alinéa 2; 129, alinéa 2; et 146, alinéa 2, des quatre Conventions de Genève et l'article 85, par. 1, du Protocole additionnel I.

55. Le principe de ces garanties est d'ailleurs posé à l'article 75, paragraphe 4, du Protocole I, dont le début est ainsi rédigé:

> « aucune condamnation ne sera prononcée ni aucune peine exécutée à l'encontre d'une personne reconnue coupable d'une infraction pénale commise en relation avec le conflit armé si ce n'est en vertu d'un jugement préalable rendu par un tribunal impartial et régulièrement constitué... »

56. Au sujet de ces crimes, cf. en outre Cherif Bassiouni (ed.), *International Criminal Law,* vol. I, *Crimes,* Transnational Publishers, Inc., New York, 1986, 581 pages, dans lequel on trouvera une liste des « crimes internationaux ».

57. A ce sujet, cf. notamment le projet d'articles sur la responsabilité des Etats de la Commission du droit international; première partie, dans *Annuaire de la Commission du droit international,* 1980, vol. II (deuxième partie), pp. 25-61; articles provisoirement adoptés de la deuxième partie, dans *Rapport de la Commission du droit international,* Assemblée générale, *Documents officiels, quarantième session, supplément n° 10* (A/40/10), pp. 53-54.

58. Cf. l'article 8 (a) proposé par le rapporteur spécial sur le projet de code des crimes contre la paix et la sécurité de l'humanité, dans *Rapport de la Commission du droit international sur les travaux de sa trente-huitième session, 5 mai-11 juillet 1986,* Assemblée générale, *Documents officiels, quarante et unième session, supplément n° 10* (A/41/10), pp. 109-110.

59. Cf. notamment Cherif Bassiouni, *International Criminal Law, A draft International Criminal Code,* Sijthoff and Nordhoff, 1980, 250 pages, où l'on trouve notamment une bibliographie sur cette question (pp. 244-245).

60. A ce sujet, cf. *Bibliography of International Humanitarian Law..., op. cit.*, pp. 351-363.

61. *Commentaire des Conventions..., op. cit.*, Ire Convention, p. 34.

62. Cf. *Commentaire des Conventions..., op. cit.*, Ire Convention, p. 52.

63. *Op. cit.*, pp. 53-54.

64. Cf. art. 1, Protocole II.

65. Art. 1, par. 2, Protocole II.

66. A ce sujet, cf. *Commentaire des Protocoles..., op. cit.*, par. 4446-4457, pp. 1372-1375.

67. Dernier alinéa de cet article, au sujet duquel voir notamment *Commentaire des Conventions..., op. cit.*, Ire Convention, pp. 64-65. A propos du Protocole II, cf. en outre, dans le même sens, *Commentaire des Protocoles..., op. cit.*, par. 4439-4440, p. 1368.

68. Cf. *Commentaire des Conventions..., op. cit.*, Ire Convention, p. 52.

69. Cf. *Commentaire des Protocoles..., op. cit.*, par. 4444, p. 1369.

70. Cf. les articles 14 et 15 de la première partie du Projet d'articles sur la responsabilité des Etats de la Commission du droit international, avec commentaire, dans *Annuaire de la Commission du droit international*, 1975, vol. II, pp. 97-113.

71. Yves Sandoz, «Interdiction ou restriction d'utiliser certaines armes classiques», extrait de la *Revue internationale de la Croix-Rouge*, janvier-février 1981, p. 16.

72. Cf. notamment Asbjorn Eude, «The Laws of War and Human Rights – Differences and Convergences», *Studies and Essays in International Humanitarian Law and Red Cross Principles in Honour of Jean Pictet*, Genève, ICRC, et La Haye, M. Nijhoff, 1984, 1143 pages, pp. 675-697; Mohamed El Kouhene, «Droit de la guerre, droits de l'homme, *Studia Diplomatica*, vol. 37, n° 2, 1984, pp. 207-228; Dietrich Schindler, «Human Rights and Humanitarian Law: Interrelationship of the Laws», *American University Law Review*, vol. 31, n° 4, été 1982, pp. 935-943.

73. Au sujet de la portée de l'article 75, cf. en outre *Commentaire des Protocoles..., op. cit.*, par. 3008-3036, pp. 890-895.

74. Article 4, paragraphe 1, du Pacte relatif aux droits civils et politiques du 16 décembre 1966.

75. Le Protocole II exclut d'ailleurs expressément ces situations, «qui ne sont pas considérées comme des conflits armés», cf. art. 1, par. 2.

76. A ce sujet, cf. notamment T. Meron, «Towards a Humanitarian Declaration on Internal Strife», *AJIL*, vol. 78, 1984, pp. 859-868.

77. A leur sujet, cf. notamment Jacques Moreillon, *op. cit.*

Résumé du rapport d'Yves Sandoz et conclusions

But de la session

Le but de la session fut d'examiner les moyens juridiques prévus par le droit humanitaire pour sa mise en œuvre et les actions à entreprendre pour améliorer celle-ci.

I. Eclairer le droit

Le droit international humanitaire est aujourd'hui fort complexe et la première partie du travail a consisté à éclairer certains aspects de ce droit.

A. Préalablement à l'examen de certaines dispositions, divers problèmes concernant l'*applicabilité* du droit humanitaire ont été abordés, avec les conclusions suivantes :

1) L'application *ad hoc* des Conventions et du Protocole I lors de conflits internationaux, par simple déclaration d'une puissance non liée par ces instruments, pour peu qu'elle « en accepte et en applique » les dispositions, ne doit pas être entravée par une interprétation par trop rigoriste de la notion d'« appliquer » ces Conventions.
2) Tout doit être mis en œuvre pour que les divergences sur la qualification de certains conflits, d'essence politique, ne nuisent pas à l'application du droit humanitaire. Dans les cas controversés, l'application des normes de l'article 3 commun aux quatre Conventions en tant que plus petit commun dénominateur, sera retenue mais devrait s'accompagner, de la part des parties impliquées, de l'acceptation des offres de services d'un organisme tel que le Comité international de la Croix-Rouge (CICR), pour prouver leur bonne foi et pour des raisons pratiques.

B. Le droit international humanitaire comporte de nombreuses obligations « de moyens », à mettre en œuvre en temps de paix déjà. La manière dont elles sont remplies permet de tester la bonne volonté des gouvernements à l'égard du droit international humanitaire. Pour mieux pouvoir le faire et pour stimuler les Etats, il a été suggéré :

1) de chercher à élaborer et à faire reconnaître des normes fixant les actions minimales à entreprendre pour remplir l'obligation de diffuser le droit humanitaire et définissant le rôle des conseillers juridiques auprès des forces armées ;
2) de créer un centre chargé de recueillir et de tenir à jour toute information sur les lois et autres mesures nationales d'application du droit humanitaire (proposition reprise par la XXVe Conférence internationale de la Croix-Rouge).

C. Il est capital également d'éclairer le contenu de nombreuses obligations qui s'imposent pendant les conflits armés, pour éviter autant que possible les crises de confiance résultant d'applications divergentes. Les points suivants furent notamment relevés :

1) Il est important de veiller à une bonne coordination des nombreux efforts normatifs entrepris pour la protection des personnes particulièrement vulnérables.
2) *a)* Le principe de proportionnalité inclus dans le droit international humanitaire doit être cerné au travers de cas d'application pratique et ne doit pas être utilisé pour faire sortir ce droit de sa finalité première.

   b) La question des armes dont l'emploi est spécifiquement interdit ou restreint sur la base des principes réaffirmés ou développés dans le droit humanitaire doit faire l'objet d'un examen par les Etats eux-mêmes.

   Cet examen est urgent et nécessaire en ce qui concerne l'emploi éventuel d'armes nucléaires.
3) Le respect d'une sorte de « code de conduite » par les organisations non gouvernementales acheminant des secours d'urgence paraît nécessaire.

II. Les moyens de contrôle

Le droit international humanitaire se caractérise par de nombreux mécanismes de vérification et par le contrôle sur place. A ce sujet, il a notamment été relevé ceci :

1) L'échec du fonctionnement du système des Puissances protectrices, partiellement compensé par l'activité du CICR, démontre que la rigidité des normes de contrôle n'est pas forcément garante d'une meilleure application du droit humanitaire.
2) La création de la Commission d'établissement des faits prévue par le Protocole additionnel I de 1977 pourrait être de nature à relancer les procédures d'enquêtes et à jouer un rôle dissuasif, notamment quant à l'usage d'armes prohibées.
3) Le droit international humanitaire impose bien une obligation *juridique* aux Etats parties à ses instruments de le « faire respecter » même dans les conflits où ils ne sont pas engagés. Mais il ne s'agit évidemment pas d'une obligation de résultat et elle ne saurait donner prétexte à un usage de la force. L'établissement d'une liste des mesures envisageables serait certainement d'une grande utilité.

III. Les moyens de répression

A. La répression des violations du droit humanitaire doit d'abord et essentiellement consister, pour les Etats, à réprimer les violations commises par leurs propres forces armées et par leurs fonctionnaires. A cet égard, l'« obligation de désobéir » aux supérieurs ordonnant de commettre des infractions au droit humanitaire, qui n'est pas incompatible avec les nécessités de la discipline militaire, doit faire l'objet de garanties procédurales dans la législation interne.

B. Sur le plan international, une clarification s'impose à propos de la ligne de démarcation entre les crimes de guerre et les crimes contre l'humanité, et à propos de l'incidence éventuelle du caractère *politique* d'un crime de guerre sur l'obligation de punir ou d'extrader.

Par ailleurs, l'exercice de la compétence juridictionnelle universelle pour les crimes de guerre commis par des chefs d'Etat ou d'autres autorités en exercice paraît utopique. Cette compétence permet néanmoins de développer la conscience universelle du caractère criminel de tels actes.

IV. Conflits armés non internationaux

Les points suivants ont été relevés à propos de ces conflits :

1) L'application des normes relativement sommaires imposées lors de ces conflits, pourtant les plus nombreux, doit se faire, dans les cas pertinents, à la lumière des dispositions détaillées prévues pour les conflits internationaux.
2) Si la partie «dissidente» d'un conflit non international est liée juridiquement par l'engagement de l'Etat, une déclaration formelle de sa part paraît néanmoins utile.
3) La renonciation, dans les conflits non internationaux, d'utiliser des armes prohibées seulement dans les conflits armés internationaux et la renonciation aux exécutions capitales liées au conflit paraissent indispensables pour créer un climat propice à l'application du droit humanitaire.
4) La présence d'un organisme tel que le CICR est également reconnue comme étant le plus souvent un facteur nécessaire pour assurer l'application du droit humanitaire dans ces conflits.

V. Rapport entre droit humanitaire et droits de l'homme

A. L'augmentation des interactions entre le système des droits de l'homme et celui du droit international humanitaire, positive pour les victimes, justifie une collaboration accrue des organismes chargés du contrôle dans l'un et l'autre système. Le droit humanitaire est en outre un élément d'interprétation indispensable pour définir le contenu de certains droits de l'homme en temps de conflit armé.

B. Les situations où des dérogations sont admises aux droits de l'homme sans pour autant que le droit humanitaire ne s'applique, dans lesquelles l'individu est particulièrement mal protégé par le droit international, sont préoccupantes et méritent une attention soutenue.

VI. Conclusions

Les efforts contribuant à mieux faire respecter le droit humanitaire, de même que l'invitation aux Etats de prendre au sérieux, en temps de paix déjà, leurs obligations dans ce domaine, doivent aussi être considérés comme des efforts en faveur de la primauté du droit.

Outre leur but premier, qui est de mieux faire respecter les droits des victimes de conflits armés, ils doivent donc aussi faire prendre conscience du fait que le droit humanitaire n'est qu'un palliatif et que la guerre est un échec.

Summary of the paper by Yves Sandoz and Conclusions

The Aim of the Session

The aim of the session is to examine the legal means provided by humanitarian law for its application and what should be done in order to improve it.

I. The Clarification of the Law

International humanitarian law is very complex today, and in the first part of our study we had to clarify certain aspects of this law.

A. Before examining some provisions, various problems concerning the *applicability* of humanitarian law were discussed, and the following conclusions were reached:

(1) The *ad hoc* application of the Conventions and of Protocol I during international conflicts, by the mere declaration of a power which is not bound by these instruments, as long as it *"accepts and applies"* its provisions, must not be hindered by an excessively strict interpretation of the notion of "applying" these Conventions.

(2) The utmost must be done so that discrepancies concerning the characterization of some conflicts, which are political in essence, are not prejudicial to the application of humanitarian law. In controversial cases, the norms of the common Article 3 of the four Conventions will be applied as the smallest common denominator, but at the same time the parties involved should accept offers of service made by organizations such as the International Committee of the Red Cross (ICRC), so as to prove their good faith and for practical reasons.

B. International humanitarian law has many obligations *"of means"* to be implemented already in peace time. The way in which they are fulfilled enables to test the good will of governments with regard to international humanitarian law. In order better to achieve this and to encourage States so to do, the following was suggested:

(1) To endeavour to draw up norms laying down the minimal actions to be undertaken to fulfil the obligation of disseminating humanitarian law to be recognized by States and to define the part played by legal advisers in armed forces.

(2) To set up a centre entrusted with gathering and keeping up to date all information on national laws and other national measures for the application of humanitarian law (a proposal taken up by the XXVth International Conference of the Red Cross).

C. It is also essential to clarify the content of the many obligations which are called for in the course of armed conflicts so as to avoid as much as possible confidence crises resulting from diverging applications. The following points were made in this respect:

(1) It is important to ensure the proper co-ordination of the many normative efforts made for the protection of particularly vulnerable individuals.

(2) *(a)* The principle of proportionability included in international humanitarian law should be encircled through the application of practical cases and should not be used in order to shed the original finality of this law.

(b) The question of arms specifically prohibited or restricted on the basis of principles reaffirmed or developed in humanitarian law must be examined by the States themselves. This is urgent and necessary with regard to the possibility of the use of nuclear arms.

(3) The observance of a kind of *"code of conduct"* by non-governmental organizations directing emergency relief appears to be necessary.

II. The Means of Control

One of the characteristics of international humanitarian law is its numerous monitoring mechanisms and on-the-spot control. In this respect, the following points were noted:

(1) The failure of the system of control by Protecting Powers – which is partially made up by the activities of the ICRC – shows that rigid control norms do not necessarily vouch for a better application of humanitarian law.

(2) The establishment of a Fact-Finding Commission provided for by Additional Protocol I of 1977 might lead to the resumption of enquiry procedures and to playing the part of a deterrent, in particular with regard to the use of prohibited arms.

(3) International humanitarian law does impose a *legal* obligation on States which are parties to its instruments to ensure its observance even if they are not involved in the conflicts. But of course there is no obligation to reach a result and it could in no way give rise to a pretext to resort to force. It would be most useful to draw up a list of likely measures.

III. The Means of Repression

A. The repression of violations of humanitarian law must be first and foremost and essentially, as far as States are concerned, the repression of violations committed by their own armed forces and their own officials. In this connection *"the obligation to disobey"* superiors ordering violations of humanitarian law to be committed, which is not inconsistent with the requirements of military discipline, should be guaranteed in the procedure of internal legislation.

B. At the international level, it is necessary to clarify the dividing line between war crimes and crimes against mankind, as well as the possibility of the incidental *political* character of a war crime with regard to the obligation to punish or to extradite.

Besides, it appears that the exercise of universal jurisdictional competence for war crimes committed by Heads of States or other authorities in the performance of their duties is utopian. However, this competence enables the development of the universal conscience of the criminal character of such acts.

IV. Non-International Armed Conflicts

The following points were noted with regard to these conflicts:

(1) The application of relatively succinct norms imposed during these conflicts – which are nevertheless the most numerous – should take place, in relevant cases, in the light of the detailed provisions laid down for international conflicts.

(2) If the *"dissident"* party to a non-international conflict is legally bound by the commitment of the State, it appears that a formal declaration by the said party is nevertheless useful.

(3) The renunciation, in non-international conflicts, of the use of arms prohibited in international armed conflicts only, and the renunciation of capital executions relating to the conflict appear to be indispensable to have a climate favourable for the application of humanitarian law.

(4) The presence of an organization, such as the ICRC, is also recognized as a necessary factor in most cases to ensure the application of humanitarian law in these conflicts.

V. The Relation between Humanitarian Law and Human Rights

A. The increase of interactions between the system of human rights and that of international humanitarian law – positive for the victims – justifies a greater collaboration between organizations entrusted with monitoring in both systems. Furthermore, humanitarian law is an indispensable element of interpretation in order to define the content of some human rights when there is an armed conflict.

B. Situations where derogations to human rights are admissible – albeit humanitarian law is not inapplicable for this reason – and in which the individual is particularly badly protected by international law, give rise to concern and deserve to be closely examined.

VI. Conclusions

Efforts contributing to increase respect for humanitarian law, as well as the invitation to States to discharge seriously their duties in this field in time of peace already, must also be considered as efforts to promote the primacy of law.

In addition to their first aim, which is to ensure better respect for the rights of the victims of armed conflicts, therefore States must also make us conscious that humanitarian law is but a palliative and that war is a defeat.

Frits
Kalshoven*

THE PRESENT STATE OF RESEARCH CARRIED OUT BY THE ENGLISH-SPEAKING SECTION OF THE CENTRE FOR STUDIES AND RESEARCH

1. *Introduction*

"Respect for international humanitarian law in armed conflicts" figured high on the agenda of the XXVth International Conference of the Red Cross, held at Geneva from 23 October to 1 November 1986. The subject was introduced by the President of the International Committee of the Red Cross (or ICRC), Mr. Alexander Hay. Summarizing his introductory address, the report of the competent Commission I notes that "Practices prohibited by international humanitarian law were becoming more and more common and obligations on the part of the signatory States were too often neglected or scorned"; and further on: "Serious and repeated violations of international humanitarian law made the ICRC's humanitarian mission extremely difficult, and in certain cases impossible to carry out [1]." The resolution by which the Commission concluded its debate on this subject notes

> "a disturbing decline in the respect of international humanitarian law, particularly as regards the treatment of prisoners of war, civilian internees and other persons captured in armed conflicts, and as regards the conduct of hostilities and the treatment of civilian populations in violation of the laws and customs of war [2]".

The Conference, thus, dealt with very much the same subject as the one that had been examined just a month earlier, from 18 August to 12 September, by the participants to the 1986 Centre for Studies and Research of the Hague Academy of International Law. Their subject had been defined in the programme as "the application of humanitarian law". It was understood that the body of "humanitarian law" indicated in the programme comprised more

* Director of Studies of the English-speaking section of the Centre. Professor of Humanitarian International Law at the University of Leiden.

particularly the international humanitarian law applicable in armed conflict. As such, the subject referred to a fairly well-defined branch of international law which finds its source, besides custom, in well-known instruments such as the four Geneva conventions of 1949 for the protection of war victims and the two Protocols Additional to those Conventions of 1977[3].

Obviously, the atmosphere and tone of the two meetings – the one in Geneva, the other in The Hague – has been as different as could be: strictly academic in the latter case, highly political in the former. Yet they both served the same interest: to promote the cause of respect for international humanitarian law in situations of armed conflict.

Having acted as Director of Studies for the English-speaking section of the Centre as well as, subsequently, a delegate of the Netherlands Red Cross Society to the International Conference of the Red Cross, the present author is pleased to offer here some reflections on the state of affairs with respect to the implementation and enforcement of international humanitarian law applicable in armed conflict.

2. *Factors influencing Respect for Humanitarian Law*

As mentioned before, the body of law under discussion is part of public international law. It is a well-known fact that respect for *all* the varied branches of international law depends, first and foremost, on the initiative and good faith of each individual State concerned: this is true as much of the implementation of the terms of a bilateral tax or air-traffic agreement as of a multilateral convention, say, relating to human rights. Other States, as well as institutions such as various organs of the United Nations or other competent organizations, may attempt to influence, or even to bring pressure to bear on a State which falls short of its international obligations: quite a few methods and procedures have been developed to this effect. Even so, for the process of decision making in the State in question ultimately to result in respect of its international obligations, good faith on the part of the decision makers will always be an indispensable element.

The will of States is an important factor, not only in this process of determining whether existing international obligations will be respected, but in the development and acceptance of new (customary or conventional) rules of international law as well. In all those cases where rules of international law happen to coincide nearly with the interests of the State, the chances are, therefore, that they will be almost automatically respected. Problems are apt to arise, however, if, either, specific interests of the State militate against the application of a particular rule of international law, or other factors make for a situation unfavourable to such application: in such circumstances, respect for international law may become a highly uncertain matter.

The above remarks about international law in general apply without reserve to the specific branch of international humanitarian law applicable in armed conflict. In particular, it may be safely stated that the customary and conventional rules which together constitute the body of humanitarian law have come into being as the outcome of a process of balancing of interests of the States participating in the process. This is not to say that even such a State might never have reason to hesitate about the desirability of one or other specific rule: it may embody a compromise which the representatives of that State have found hard to accept, or it may be a very old rule which the State regards as unsuitable for present purposes. Normally, however, an attitude of respect for the generality of the applicable rules will be to the advantage of the State, if only to put it in a position where it may expect the same from its adversary: so-called positive reciprocity.

At the same time, the situation of armed conflict is characterized by a number of negative factors, which tend to impede a quasi automatic, faithful application of international humanitarian law. A first characteristic element is the very violence inherent in such a situation: obviously, this factor is not at all conducive to an attitude of scrupulous respect for obligations of international law, whether humanitarian or other.

Another negative element lies in the great mass of people who may find themselves directly involved in situations requiring application of rules of humanitarian law: rather than being confined to a comparatively small circle of government officials and other directly interested parties (as in the case, say, of an air-traffic agreement, or an agreement establishing diplomatic relations), their numbers include all the members of the armed forces, from the commander-in-chief down to the last soldier, as well as, depending on the circumstances, the members of other organizations such as the police, civil defence, etc. Indeed, more often than not, important parts of the civilian population may become so involved.

The picture becomes even less bright when it is taken into account that in present international humanitarian law, a distinction is made between two types of armed conflict: on the one hand, international armed conflicts (basically: between two or more States) and on the other, internal ones (i.e., conflicts not of an international character and being waged within the territory of a single State). The body of rules and principles applicable in international armed conflicts has been elaborated in great detail but not always with enough clarity to admit of easy application. On the other hand, whereas internal armed conflicts form the majority of contemporary armed conflicts and, moreover, have a tendency to be particularly violent, the set of humanitarian rules applicable in such conflicts has thus far remained far below the level of development of the law applicable in international armed conflicts.

Taking all these negative elements together, there remains little room for light-hearted optimism regarding automatic respect for humanitarian standards in armed conflicts. Yet, the situation is by no means desperate: as will be shown in subsequent chapters of this paper, the existing body of international humanitarian law applicable in armed conflict provides a particularly rich array of means and methods for the promotion of respect for its substantive principles and rules. While these are always susceptible to improvement, it is now first and foremost a task for the international community of States to utilize these existing means and methods with somewhat greater consistency and vigour than was often the case in the past.

Hereinafter, for briefness' sake, we shall utilize "humanitarian law" whenever we want to refer to international humanitarian law applicable in armed conflict.

3. *National Measures*

As indicated earlier, application of humanitarian law is, first of all, a task incumbent on each individual State. We shall, therefore, begin by examining in some detail the various ways and means at the disposal of the State to discharge its duties in this respect. A catalogue of available means might list: measures of a legislative order, including the issue of regulations and instructions for the armed forces and other organizations; programmes for the dissemination of knowledge; creation of a group of qualified persons, *inter alia,* to act as legal advisers in the armed forces; and, last but not least, establishment and maintenance, within the armed forces, of a system of discipline suitable to enforce compliance with the applicable rules of international humanitarian law.

A preliminary remark of a general order concerns the time factor. As may be evident, implementation of a State's obligations under international humanitarian law is a matter of most immediate concern when that State is actually involved in an armed conflict. This applies as much to its primary obligations (to keep prisoners of war alive, not to direct attacks against the civilian population, etc.) as to those of a secondary nature, to which belong its national measures of application. Yet, for these national measures to have their full effect in time of armed conflict, they must at least, if at all possible, have been prepared already in time of peace. As will be seen, this need of peacetime preparation is recognized in various places in the existing humanitarian Conventions.

Obviously, this requirement of peacetime preparation provides an additional difficulty, in particular, in respect of those developing States whose legislative and executive branches are still more than fully occupied with the many acute problems arising from their newly acquired independence: as long as they are not actually involved in an armed conflict, they can hardly be expected to pay too much attention to a matter which they may be inclined to consider as of remote concern. As a matter of fact, and with less of an excuse, even States of long standing often betray this tendency to regard national measures for the application of humanitarian law as something that can be postponed till such time as the need arises.

It is, therefore, necessary constantly to remind all States of their obligations in this respect and, where necessary, to offer them help in discharging these obligations.

(a) *Instructions for the armed forces*

Under the heading "legislation" come, first of all, measures of a legislative order, directed at the armed forces and aiming to ensure conduct in accordance with the rules of humanitarian law.

An early example of such a directive is provided by the *Instructions for the Government of Armies of the United States in the*

Field, promulgated as General Orders No. 100 by President Lincoln on 24 April 1863 as a field manual for the armed forces of the (northern) United States in the American Civil War. The Instructions are usually referred to, after their principal author, as the *Lieber Instructions*[4]. It is a remarkable fact that the Instructions were written for a case of civil war, that is, internal armed conflict. They have served as a model for subsequent codifications of humanitarian law.

Of interest in the present context is the work undertaken in the 1870s by the Institute of International Law, which culminated in the publication, on 9 September 1880, of the so-called *Oxford Manual*[5]. As set forth in its preface, the Manual was offered to the governments "as the basis for national legislation in each State"; in order to facilitate their task, the Institute had "given its work a popular form, attaching thereto statements of the reasons therefore, from which the text of a law may be easily secured when desired". The Manual consisted of 86 articles, covering all aspects of the laws of war on land as perceived by its learned authors.

While the members of the Institute had envisaged their Manual as nothing but a model law, the *Regulations Respecting the Laws and Customs of War on Land,* annexed to the Hague Convention (II) with Respect to the Laws and Customs of War of 29 July 1899, already had a different character: they provide a set of rules for the conduct of land warfare, brought about as the result of negotiations in an international conference of States – the Hague Peace Conference – and designed to lay down binding obligations of international law for the contracting States. Yet, the first obligation set out in Article 1 of the Convention is for contracting States to "issue instructions to their armed forces, which shall be in conformity with the 'Regulations respecting the laws and customs of war on land' annexed to the present Convention"; and indeed, at least part of the rules set forth in the Regulations was suitably phrased to permit their being copied almost verbatim into national instructions for the armed forces as they then were[6].

The Second Hague Peace Conference, 1907, produced a revised version of the Convention (this time: Convention IV) and of the Regulations. For present purposes, nothing much had changed: both the character of the Regulations and the first obligation expressed in Article 1 of the Convention had remained the same[7].

In later years, new treaties were added to the list of humanitarian instruments. The point to be made here is that these new additions had less and less the character of model regulations: on the contrary, their character as a bundle of more or less abstractly phrased rules, spelling out a series of international legal obligations of the contracting States, became ever more prominent.

At the same time, the armed forces of industrializing States became ever more complex and sophisticated organizations, with branches as diverse as the foot-soldier's infantry, the tank battalion, the "special forces" (usually trained for action in the rear of the enemy positions), the tactical and strategic air forces, and the guided-missile battery. Warfare became more mobile and stationary front lines gradually became something of the past, especially with the increasingly widespread recourse, in many contemporary armed conflicts, to the tactics of guerrilla warfare.

As a result, the "translation" of the internationally agreed rules of humanitarian law into national instructions for the armed forces has become an ever more difficult task. That it is and remains an obligation of States is put beyond question by the text of Article 80, paragraph 2, of Protocol I of 1977[8], providing that

> "The High Contracting Parties and the Parties to the conflict shall give orders and instructions to ensure observance of the Conventions and this Protocol, and shall supervise their execution."

To be effective, such instructions must address each of the various branches of the armed forces separately, and for each branch they must deal with the diverse situations this branch is trained to meet. Especially in sophisticated armed forces, this type of instruction is likely to be given in the shape of *Rules of Engagement*, spelling out in greatest possible detail the tactics a particular branch, or unit, is to apply in such and such a tactical situation.

Needless to say, to incorporate the generalized and juridically phrased rules of humanitarian law into these eminently practical Rules of Engagement, requires a thorough knowledge and understanding both of the law and of the specific military demands made of a particular branch of the armed forces. It also requires a constant alertness for changes in those demands and the ensuing adjustments to be made in the Rules of Engagement. Typically, the task described here is one for doubly qualified military lawyers:

they must be qualified not only as lawyers but equally as military men. It may be noted here that Article 82 of Protocol I requires the availability of legal advisers, *inter alia,* "to advise military commanders at the appropriate level on the application of the Conventions and this Protocol".

Equally self-evident, the problems identified here arise in particular with respect to complex military organizations with a great diversification of tasks and "job descriptions", so to speak. In the comparatively less sophisticated armies of many States, the translation of the requirements of humanitarian law into practical terms, understandable down to the level of the common soldier, will be that much easier: it is, basically, a matter of reducing the delicately balanced and, therefore, often convoluted legal phraseology of conventional texts, to short, straightforward statements that offer clear guidelines for the day-to-day military handiwork.

An example of how this can be done, may be seen in the *Fundamental Rules of International Humanitarian Law Applicable in Armed Conflicts,* which saw the light as the result of a joint effort of experts from the ICRC, the League of Red Cross and Red Crescent Societies, and national Societies[9].

One particular difficulty, confronting all those who set about writing instructions for the armed forces, whether sophisticated or not, lies in the distinction, made since 1949 in humanitarian law, between international and internal armed conflicts. In effect, the rules applicable in international armed conflicts are far more elaborate and in part even quite different to those applicable in internal armed conflicts. Should one therefore write two sets of instructions, one for each type of armed conflict?

This does not seem a very plausible solution. When the instructions are prepared in time of peace, they will normally be drafted with a view to the possible engagement of the armed forces in an international armed conflict, this being the situation for which the armed forces are normally trained. When, on the other hand, instructions are written only after the outbreak of hostilities (for instance, because that moment coincides with the creation of the armed forces), they can be drafted with a view to the particular type of armed conflict in which the forces are engaged. This was, in effect, the case with the Lieber Instructions which, as we saw, were promulgated in 1863, during the course of the American Civil War.

Another, quite recent, example of such a set of instructions issued in the course of an armed conflict is provided by the *Code of Conduct for the National Resistance Army,* the armed forces of the National Resistance Movement of Museveni in Uganda. The Code, drawn up in March 1982 for what then was an opposition party in an internal armed conflict, was subsequently officially published in 1986, after the Movement had established itself as the governing power in the country [10]. Interestingly, the Code goes to great lengths to ensure a high standard of discipline among the members of the NRA as well as a proper level of protection of "public" – i.e., the non-participating civilian population. With respect to the adversary, the main prescription is never to kill captured enemies, "as the guns should only be reserved for armed enemies or opponents" [11].

(b) *Discipline*

It is an almost trite observation that in order to ensure respect for humanitarian law, armed forces must be subject to an effective system of discipline. This fact emerged clearly from what was said a moment ago about the Code of Conduct of the Ugandan National Resistance Army.

Discipline has always been a more or less natural characteristic of armed forces. Indeed, it appears no exaggeration to state that discipline constitutes a prerequisite for an effective fighting force: only thus can a commanding officer expect that his orders will be obeyed, that fire will be delivered only on the targets, and at the time of his choice, and that excesses which distract his troops from their proper task, like plunder or the slaughter of civilians, will be avoided.

In recognition of this fact, Article 43, paragraph 1, of Protocol I provides in part that

> "The armed forces of a Party to a conflict . . . shall be subject to an internal disciplinary system which, *inter alia,* shall enforce compliance with the rules of international law applicable in armed conflict."

The commander who fails to enforce such compliance will expose himself to censure in accordance with Articles 86 and 87 of Protocol I, reading in relevant part:

"*Article 86 – Failure to Act*

1. . . .

2. The fact that a breach of the Conventions or of this Protocol was committed by a subordinate does not absolve his superiors from penal or disciplinary responsibility, as the case may be, if they knew, or had information which should have enabled them to conclude in the circumstances at the time, that he was committing or was going to commit such a breach and if they did not take all feasible measures within their power to prevent or repress the breach.

Article 87 – Duty of Commanders

1. The High Contracting Parties and the Parties to the conflict shall require military commanders, with respect to members of the armed forces under their command and other persons under their control, to prevent and, where necessary, to suppress and to report to competent authorities breaches of the Conventions and of this Protocol.

2. . . .

3. The High Contracting Parties and Parties to the conflict shall require any commander who is aware that subordinates or other persons under his control are going to commit or have committed a breach of the Conventions or of this Protocol, to initiate such steps as are necessary to prevent such violations of the Conventions or this Protocol, and, where appropriate, to initiate disciplinary or penal action against violators thereof."

While these rules on the responsibility of commanding officers follow with unmistakable logic from the requirement of discipline in Article 43, it might perhaps be felt that the language of that Article suggests something else as well: should one interpret it to mean that an armed force which lacks any "internal disciplinary system" does not qualify as an "armed force" in the sense of that Article, even though it meets the conditions of belonging to a Party to a conflict, being organized and "under a command responsible to that Party for the conduct of its subordinates" (Article 43, paragraph 1, first sentence)? The consequence of such an interpretation would be that its members are not "combatants": they would not "have the right to participate directly in hostilities"

(Article 43, paragraph 2, closing phrase) and, when falling into enemy hands, they would not have the status of "prisoner of war": Article 44, paragraph 1, reserves this status to combatants "as defined in Article 43".

While this consequence might perhaps be justified in the extreme case of an armed group which totally lacks anything even remotely resembling a system of discipline – and, therefore, more like a roving gang of bandits than like an armed force in the proper sense of the term – it is probably correct to state, with Waldemar A. Solf[12], that

> "The structure of the paragraph ... as well as the negotiating record and the provisions of Article 44 (2) strongly militate against any construction that this provision constitutes one of the conditions for qualification as an armed force."

The requirement of discipline can be perverted in another manner as well: at times, it has been carried so far as to amount to blind obedience to orders ("Kadavergehorsam"). Inasmuch as blind obedience is apt to lead to the unquestioned execution of orders in flagrant violation of specific rules of humanitarian law, it must of course be rejected outright.

The point to be remembered here is that individual members of the armed forces will have to respond for their acts, even if these were performed in execution of superior orders. This has been made perfectly clear in the war crimes trials, conducted in the aftermath of the Second World War. In 1950, the International Law Commission of the United Nations adopted a set of *Principles of International Law Recognized in the Charter of the Nuremberg Tribunal and in the Judgment of the Tribunal.* Principle IV reads as follows[13]:

> "The fact that a person acted pursuant to the order of his Government or of a superior does not relieve him from responsibility under international law, provided a moral choice was in fact possible to him."

In the 1970s, an attempt was made to have this principle internationally accepted as a legally binding text, by introducing it into Protocol I. The proposed text, submitted to the Diplomatic Conference, read as follows[14]:

"1. No person shall be punished for refusing to obey an order of his government or of a superior which, if carried out, would constitute a grave breach of the provisions of the Conventions [of 1949] or of the present Protocol.

2. The fact of having acted pursuant to an order of his government or of a superior does not absolve an accused person from penal responsibility if it be established that, in the circumstances at the time, he should have reasonably known that he was committing a grave breach of the Conventions or of the present Protocol and that he had the possibility of refusing to obey the order."

The effort came to nought, however, as in the end the draft Article, as amended in the course of the negotiations, failed to obtain the necessary two-thirds majority [15]. This leaves the matter to be regulated by the rules of customary international law concerning superior orders. It should be emphasized once again that these customary rules imply without any doubt that the mere fact of having acted pursuant to an order cannot absolve a person from his individual responsibility.

Entirely in accordance with this principle, the quoted Code of Conduct for the Ugandan National Resistance Army lists under offences of category A (which attract the death sentence): "disobedience of *lawful* orders resulting in loss of life of members of NRA or our supporters"; and under category B (attracting lesser punishments); "disobedience of *lawful* administrative orders" (my emphasis).

(c) *Dissemination*

Respect for rules of humanitarian law presupposes, besides the issue of instructions and the establishment and maintenance of a system of discipline, knowledge about the relevant rules. This "need to know" implies the necessity of dissemination of humanitarian law, primarily, although not exclusively, among the armed forces.

An express requirement of dissemination was formulated for the first time in Article 27 of the Geneva Convention for the Amelioration of the Condition of the Wounded and Sick in Armies in the Field, signed at Geneva, 27 July 1929 [16]:

"The High Contracting Parties shall take the necessary steps to instruct their troops, and in particular the personnel protected, in the provisions of the present Convention, and to bring them to the notice of the civil population."

All subsequent conventions contain similar provisions. For example, Article 47 of the First or Wounded and Sick Convention of 12 August 1949 [17] provides that

> "The High Contracting Parties undertake, in time of peace as in time of war, to disseminate the text of the present Convention as widely as possible in their respective countries, and, in particular, to include the study thereof in their programmes of military and, if possible, civil instruction, so that the principles thereof may become known to the entire population, in particular to the armed fighting forces, the medical personnel and the chaplains."

Nearly identical provisions are found in the other three Geneva Conventions of 1949. Conspicuous improvements over the text of 1929 are: the express reference to time of peace besides time of war, and the indication of the ultimate purpose of dissemination, viz., knowledge of the principles of humanitarian law among the entire population.

The Convention for the Protection of Cultural Property in the Event of Armed Conflict, signed at The Hague on 14 May 1954, contains a virtually identical obligation in Article 25 [18].

Protocol I of 1977 contains a slightly modified version of the same obligation: whereas in the earlier texts the inclusion of the study of the various Conventions in programmes of civil instruction was qualified by the words "if possible" (leading to the all too easy excuse that such inclusion had not in fact proved possible), Article 83, paragraph 1, of the Protocol contains the undertaking of the contracting States "to encourage the study thereof by the civilian population".

Moreover, on top of the general obligation laid down in paragraph 1, paragraph 2 provides specifically that

> "Any military or civilian authorities who, in time of armed conflict, assume responsibilities in respect of the application of the Conventions and this Protocol shall be fully acquainted with the text thereof."

When one has taken cognizance of this remarkably complete

and carefully phrased Article in Protocol I, it is something of a disappointment to find that Protocol II, applicable in internal armed conflicts, confines itself to the all too vague, passively phrased statement that "This Protocol shall be disseminated as widely as possible" (Article 19): not only does this text lack a reference to dissemination in time of peace, but it fails to indicate any party or authority that would be charged with the dissemination of this Protocol.

The last Convention to be mentioned here is the Convention on Prohibitions and Restrictions on the Use of Certain Conventional Weapons Which May be Deemed to be Excessively Injurious or to Have Indiscriminate Effects, adopted by a United Nations Conference at Geneva on 10 October 1980 and signed on 10 April 1981[19]. Article 6 provides for dissemination of the Convention and annexed Protocols (relating to particular types of weapon) "as widely as possible in their respective countries" but then specifies that the contracting States shall "include the study thereof in their programmes of *military* instruction, so that those instruments become known to their *armed forces*" (my emphasis). Taking into account the nature of the subject-matter of this Convention, the restriction to military instruction appears justified.

Clear though the various above obligations of dissemination may be, the responsible authorities in numerous countries, both developed and developing, have so far been largely lacking in their duties in this respect. Many programmes of military instruction, especially at the lower echelons, fall dismally short of what might be regarded as adequate instruction in basic precepts of humanitarian law. The situation with respect to dissemination among the civilian population is generally even worse.

In these circumstances, national Red Cross and Red Crescent societies have, at the instigation of the ICRC and with the active support of the League, assumed tasks in this respect. Accordingly, the XXIVth International Conference of the Red Cross, held at Manila in 1981, adopted Resolution No. X[20] by which it not only urged *governments*

> "to fulfil entirely their obligation to disseminate knowledge of international humanitarian law among their armed forces, ministries, academic circles, schools, medical professions and general public, in particular by encouraging the establishment

> of joint committees representing the appropriate ministries and National Red Cross and Red Crescent Societies to develop such activities",

but also noted "the special responsibilities of *National Societies* to assist their Governments in this work" (my emphasis) and invited them

> "to train national officials to be responsible for dissemination, and to co-operate also with their authorities, especially on the joint committee on dissemination".

The Resolution moreover asked "the ICRC and the League, each within its own sphere, to help National Societies to draw up and implement national and regional dissemination programmes". An annex to the Resolution provided a Programme of Action on the Dissemination of International Humanitarian Law and the Principles and Ideals of the Red Cross.

Many activities have since been developed by national societies, as well as by the ICRC and the League. As for the ICRC, it has decided, besides its general activities, to make a special effort of dissemination in countries involved in an (international or internal) armed conflict, as in those countries the need is obviously most acute.

Useful though this stepped-up activity on the part of the Red Cross and Red Crescent Movement may be, it can in no way dispense the authorities from their responsibilities under the various Conventions. It should be emphasized that commanding officers have a special duty in this regard: Article 87, paragraph 2, of Protocol I lays down that

> "In order to prevent and suppress breaches, High Contracting Parties and Parties to the conflict shall require that, commensurate with their level of responsibility, commanders ensure that members of the armed forces under their command are aware of their obligations under the Conventions and this Protocol."

In discharging this duty, commanders may profit by the advice of the legal advisers provided for in Article 82: among their tasks is to advise commanders "on the appropriate instruction to be given to the armed forces". Needless to say, this advisory function of the legal adviser cannot relieve the commander of his responsibility.

(d) *Repression of violations*

The trial of war crimes has been a right of States since time immemorial[21]. However, it is a different matter altogether whether States are under any obligation to repress such violations of the laws of war.

An engagement "to take, or to recommend to their legislatures, the necessary measures to repress, in time of war, individual acts of robbery and ill treatment of the sick and wounded of the armies" was included as long ago as 1906 in Article 28 of the Convention for the Amelioration of the Condition of the Wounded and Sick in Armies in the Field, of that year[22]. A similar formula is found in Article 21 of the Convention (X) for the Adaptation to Maritime Warfare of the Principles of the Geneva Convention of 1907[23].

The Wounded and Sick Convention of 1929[24] contains an improved version of the formula: Article 29 requires legislative measures with respect to "any act contrary to the provisions of the present Convention".

In 1949, the system was further improved and elaborated[25]. A first, major development was the introduction of a distinction between "grave breaches" (as defined in each of the four Geneva Conventions of that year) and all other acts contrary to the provisions of these instruments.

With respect to grave breaches, the contracting States undertake "to enact any legislation necessary to provide effective penal sanctions for persons committing, or ordering to be committed", such breaches. And their obligations do not stop at legislation: they are, moreover, obliged "to search for persons alleged to have committed, or to have ordered to be committed, such grave breaches", and to bring such persons, "regardless of their nationality", before their own courts or hand them over for trial to another contracting State that "has made out a *prima facie* case". It is generally assumed that all States have jurisdiction over such grave breaches, irrespective of the nationality of the accused or the place of the crime.

As for other violations, the Conventions confine themselves to the statement that contracting States "shall take measures necessary" for their suppression.

The same system of obligations applies to the repression of breaches of Protocol I: to this effect, Article 85.

While it is not here the place to enter into a detailed description of the grave breaches, as defined in the Geneva Conventions of 1949 and the Protocol of 1977, it may be useful to point out that the system as laid down in the Conventions hinges on two essential elements: it envisages only acts (such as killing, torture or inhumane treatment) committed against the various well-defined categories of persons especially protected by those Conventions, and it requires that the acts have been committed wilfully.

In Protocol I of 1977, the first element was to some extent abandoned, with the introduction of grave breaches relating to the general protection of the entire civilian population against the effects of hostilities (such as: launching an indiscriminate attack affecting the civilian population).

On the other hand, Protocol I reinforces the system of repression of breaches by introducing, in Article 86, a general duty of contracting States and Parties to the conflict to suppress such breaches "which result from a failure to act when under a duty to do so". It was already mentioned in the foregoing that, and how, the Protocol elaborates this general duty into detailed rules concerning the responsibilities and duties of commanders.

It can hardly cause surprise that Protocol II, relating to internal armed conflicts, is completely silent on the matter of repression of breaches.

The Hague Convention for the Protection of Cultural Property[26] contains a (rather weak) provision concerning repression of breaches: Article 28 merely requires contracting States

> "to take, within the framework of their ordinary criminal jurisdiction, all necessary steps to prosecute and impose penal or disciplinary sanctions upon those persons, of whatever nationality, who commit or order to be committed a breach of the present Convention".

While the *obligations* of States to take legislative and other effective steps for the repression of breaches are, thus, more or less carefully defined in the various humanitarian instruments, the fact should be emphasized that States have retained their unfettered customary *right* to punish all violations of the "laws and customs of war".

Another final comment under this heading concerns the extent to which contracting States have discharged, or failed to discharge, their duties of legislation, in particular, under the Conventions of

1949. Although accurate information is not available, the impression is that a number of States have done little or nothing in this regard. Attempts undertaken by the ICRC to acquire the necessary information remained without too much success, if only because many States did not answer its questionnaires. Conscious of this situation, the XXVth International Conference of the Red Cross, held at Geneva from 23 October to 1 November 1986, adopted a Resolution on National Measures to Implement International Humanitarian Law[27], operative paragraph 3 of which

> "appeals to the Governments and National Societies to give the ICRC their full support *and the information* to enable it to follow up the progress achieved in legislative and other measures taken for implementation of International Humanitarian Law" (my emphasis).

It will be noted that national societies are addressed here besides the governments, in the hope that considerations of sovereignty and prestige will carry less weight with the former and results may therefore be forthcoming sooner than if only governments had been addressed.

4. *The International Level*

If States were generally diligent in complying with their obligations on the national level, the need for measures on the international level would be that much less. Practice shows, however, that much remains to be desired in this respect. Accordingly, a number of mechanisms have been developed for the international promotion of respect for humanitarian law.

(a) *Reprisals*

Historically probably the oldest device is recourse to *belligerent reprisals,* by the party that considers itself the victim of a violation of the law of armed conflict on the part of its opponent. The arbitrariness inherent in such a form of recourse to negative reciprocity, the likelihood that it will affect innocent people rather than the actual responsible persons, and the evident risk of escalation if the opponent retaliates in turn, have entailed that recourse to reprisals has been increasingly prohibited in humanitarian law. The first express prohibition is found in Article 2 of the Convention Relative to the Treatment of Prisoners of War, signed at Geneva on 27 July 1929[28], laying down that "Measures of reprisal against them are forbidden".

Similar categorical prohibitions were subsequently adopted in all four Geneva Conventions of 1949. Thus, Article 46 of the First Convention prohibits reprisals "against the wounded, sick, personnel, buildings or equipment protected by the Convention". The Hague Convention of 1954 for the Protection of Cultural Property likewise prohibits categorically "any act directed by way of reprisals against cultural property" (Article 4, paragraph 4).

It remained for Protocol I of 1977 to deal with the delicate issue of reprisals against the civilian population: a practice well-known from World War II and, indeed, to give a more recent example, from the ongoing armed conflict between Iran and Iraq. Over the objections of several States, the Protocol came to prohibit all possible recourse to reprisals against the civilian population or individual civilians (Article 51, paragraph 6), against the generality of civilian objects (Article 52, paragraph 1), and against a series of specially listed objects (Article 53: particularly important cultural objects and places of worship; Article 54: objects indispensable to the survival of the civilian population; Article 55: the natural environment; and Article 56: works and installations containing dangerous forces).

Commission III of the Diplomatic Conference on the Reaffirmation and Development of International Humanitarian Law Applicable in Armed Conflicts, Geneva, 1974-1977, adopted the above provisions by a large majority in the course of the second session[29]. With that, the debate was far from over, however: it shifted from Commission III (which dealt with the Parts of the draft Protocols relating to combatants, means and methods of warfare, and the protection of the civilian population) to Commission I (charged with the Parts containing the general provisions at the outset of the Protocol, the rules on execution, and the so-called final provisions).

In the course of the third session, on 22 April 1976, France introduced in Commission I a proposal for a new Article[30]. Its point of departure was that

> "In the event that a Party to a conflict commits serious,

> manifest and deliberate breaches of its obligations under this Protocol, and a Party victimized by these breaches considers it imperative to take action to compel the Party violating its obligations to cease doing so, the victimized Party shall be entitled, subject to the provisions of this Article, to resort to certain measures which are designed to repress the breaches and induce compliance with the Protocol, but which would otherwise be prohibited by the Protocol."

The proposal then listed three conditions to be fulfilled before the measures could be carried into effect: they would have to be a last resort, the decision must be taken at the highest level of the government, and the enemy must be formally warned of the intended measures. If these conditions were met and it proved imperative to take the measures, their execution would have to meet the following requirements: proportionality of the measures to the violations prompting them, no actions amounting to a breach of the Geneva Conventions of 1949, and cessation of the measures once they have have achieved their objective.

The French proposal was obviously a thinly disguised attempt to reintroduce a right of reprisals, specifying at the same time the generally accepted conditions of customary international law for recourse to measures of reprisal. In view of the uncompromising attitude of the majority in the Conference, which had shown itself almost allergic to the very word "reprisals", the proposal stood no chance of success. Ultimately, France withdrew it on 13 May 1977, before it could be defeated[31].

In some quarters, the feeling persists that the total prohibition of reprisals, not only against civilians, but against all civilian objects, deprives States of a necessary means to check attacks on their civilian population. Drawing the consequence out of these misgivings, Italy has attached to its ratification of the Protocol a declaration to the effect that, in the event of an enemy committing serious and systematic violations of its obligations under the Protocol and notably under Articles 51 and 52 thereof, it shall react to those violations with all means admissible under international law, to prevent further violations[32].

The Italian declaration, which obviously takes its inspiration from the abortive French proposal, comes dangerously close to a reservation. Although Protocol I does not prohibit reservations, the negotiating history leaves no doubt that a strong majority in the Conference was not prepared to accept the idea of reservations with respect to the prohibitions on reprisals. Moreover, while Article 60, paragraph 2, of the Convention on the Law of Treaties, signed at Vienna on 23 May 1969, entitles the victim of a material breach of a multilateral treaty to suspend "the operation of the treaty in whole or in part in the relations between itself and the defaulting State", paragraph 5 expressly excludes "provisions prohibiting any form of reprisals against persons protected by such treaties" (i.e., treaties of a humanitarian character) from the operation, *inter alia,* of paragraph 2. Application of the Italian declaration in a concrete instance might therefore be regarded as incompatible with Article 60 of the Vienna Convention. To the best of my knowledge, no objections have so far been formulated against the declaration.

(b) *Fact-finding*

A far more "peaceful" method of enforcing respect for humanitarian law may be seen in attempts, undertaken during an armed conflict, to establish the facts with respect to alleged violations. Take the case of an alleged aerial attack on a hospital: was there really an attack directed against the hospital, or was it directed against a military objective in its immediate vicinity? How much damage was done to the hospital? Was the damage caused by bombs dropped from the air, or by other factors? An objective observer is rarely present at such occasions, and experience shows that the Parties to the conflict are likely to give diametrically opposed versions of the facts.

In such a situation, it is of course possible for the Parties to the conflict to set up, in mutual agreement, an enquiry into the facts. The Geneva Conventions of 1949 make express provision for the institution of such an enquiry, spelling out that "Once the violation has been established, the Parties to the conflict shall put an end to it and shall repress it with the least possible delay" (e.g., Article 52 of the First Convention). If such a procedure were followed, the need for reprisals would disappear. Unfortunately, these provisions in the Geneva Conventions have never found application in practice. One obvious difficulty is that application requires the conclusion of an agreement to that effect during the conflict, and at a time when a violation of the Conventions has already been alleged: hardly a conspicuous moment for such a step.

In an attempt to overcome this difficulty, Article 90 of Protocol I makes provision for the establishment of an *International Fact-Finding Commission.* The Commission, to be composed of "fifteen members of high moral standing and acknowledged impartiality", shall be established as soon as 20 contracting States "have agreed to accept the competence of the Commission"; this they must do by means of a unilateral declaration

> "that they recognize *ipso facto* and without special agreement, in relation to any other High Contracting Party accepting the same obligation, the competence of the Commission to enquire into allegations by such other Party, as authorized by this Article".

The Commission, once established, shall be competent to examine the facts concerning alleged serious violations of the Conventions or the Protocol, and to "facilitate, through its good offices, the restoration of an attitude of respect for the Conventions and this Protocol".

These activities provided for the Commission may be expected to contribute considerably to the speedy and fair settlement of disputes arising from allegations of serious violations and to the reduction of tensions attending such allegations. For the time being, however, the number of States that have declared their readiness to accept the competence of the Commission is not yet sufficient for its establishment.

(c) *Supervision*

The idea that the implementation of humanitarian law should be submitted to international supervision has developed mainly within the framework of the law of Geneva. In normal times, States are accustomed to protect the rights of their nationals in foreign countries (so-called diplomatic protection). When the relations between States A and B deteriorate to the point where diplomatic relations are severed, it is customary for State A to ask a third State C to protect its interests and those of its nationals in respect of – and with the agreement of – State B. Supposing that an armed conflict then breaks out between A and B, what could be more natural than that C continues to protect the interests of A's nationals – who in their relation to B suddenly find themselves in the position of "enemy nationals", "internees" or "prisoners of war". In the 19th century this obvious possibility developed into a customary practice. It was codified, first, in the Prisoners of War Convention of 1929[33] and subsequently in all four Conventions of 1949[34], as the system of Protecting Powers.

The relevant Articles of the latter Conventions (Article 8 common to Conventions I to III, Article 9 of Convention IV) lay down that these "shall be applied with the co-operation and under the scrutiny of the Protecting Power whose duty it is to safeguard the interests of the Parties to the conflict". For this purpose, the Protecting Powers may use their diplomatic or consular staff, or appoint special delegates; for obvious reasons, any such special appointments require the approval of the Party to the conflict with which the delegates are to carry out their duties. The Parties to the conflict must "facilitate to the greatest extent possible the task of the representatives or delegates of the Protecting Powers". The latter persons are in turn obliged not to exceed their mission and, in particular, always to "take account of the imperative necessities of security of the State wherein they carry out their duties".

The "co-operation and scrutiny" of the Protecting Powers has in practice assumed the character of management of interests and mediation. When their delegates become aware, whether from personal observance or complaints of the victims, that prisoners of war are suffering from bad housing conditions or a lack of food, or are compelled to do forbidden types of work or are not allowed to send and receive mail, or are maltreated in any other manner, it is their job to seek an improvement of the situation. On the other hand, it is not the task of Protecting Powers to act as a sort of public prosecutor, investigating and exposing violations of the Conventions; were they to embark on such a course of action, they would soon find themselves discharged of their functions.

The above provisions of the Conventions

> "constitute no obstacle to the humanitarian activities which the International Committee of the Red Cross or any other impartial humanitarian organization may, subject to the consent of the Party to the conflict concerned, undertake for the protection of [protected persons] and for their relief":

thus Article 9 of the Conventions (Article 10 of Convention IV). The express mention of the ICRC amounts to an official recognition of its customary right of initiative in matters of humanitarian succour. The Articles do not, however, provide the ICRC with a formal supervisory capacity such as that which has been assigned the Protecting Powers.

The last Article on the subject of outside supervision (Article 10 of Conventions I to III, Article 11 of Convention IV) seeks to provide for the (all too frequent) case that the functions of Protecting Powers are not in fact being performed, for instance, because the Parties to the conflict do not succeed in agreeing on the appointment of such Powers. The Article mentions in its first paragraph the possibility for Contracting Parties to "agree to entrust to an organization which offers all guarantees of impartiality and efficacy the duties incumbent on the Protecting Powers". Thus far this has remained a theoretical possibility, however, as no such agreement has ever been brought about.

Then, whenever protected persons "do not benefit or cease to benefit, no matter for what reason, by the activities of a Protecting Power or of an organization provided for in the first paragraph", the Party to the conflict which has them in its power (indicated as the Detaining Power) is obliged to "request a neutral State, or such an organization, to undertake the functions" of a duly designated Protecting Power. This formulation in paragraph 2 does not require the agreement of the adverse Party. However, the Soviet Union and its allies have made an express reservation on this point, stating that they "will not recognize the validity" of such requests "unless the consent of the Government of the country of which the protected persons are nationals has been obtained"[35]. Even without this reservation a Detaining Power might have difficulty in finding a neutral State or impartial organization, prepared to accept, without the consent of the adverse Party, the functions of a Protecting Power.

Be this as it may, the third paragraph of the Article provides that if none of the above leads to protection being arranged, the Detaining Power "shall request or shall accept, subject to the provisions of this Article, the offer of the services of a humanitarian organization, such as the International Committee of the Red Cross, to assume the humanitarian functions assumed by Protecting Powers" under the Conventions. Even this provision cannot make the system watertight, however: the Detaining Power may choose simply to disregard its obligation to request the services of the ICRC or any other humanitarian organization, and the ICRC can hardly be expected to offer its services without first having ascertained that these are indeed welcome.

As a matter of fact, since its creation in 1863 the ICRC has performed supervisory functions innumerable times and to the benefit of hundreds of thousands of prisoners of war, internees and other protected persons, and this side by side with the delegates of Protecting Powers or (more often probably) in their absence. It should be emphasized that the activities of the ICRC and its delegates are essentially aimed at improving the condition of protected persons. Obviously, in the course of its activities it cannot fail to come across numerous cases of more or less grave violations of the Conventions, and exceptionally, when all other methods to protect the interests of the victims have failed, it may even take recourse to publicly denouncing the practices involved. Even so, however, the ICRC has never counted the tracing and public exposure of individual perpetrators of war crimes among its tasks.

In Protocol I an attempt has been made to improve the system of Protecting Powers. The relevant Articles 5 and 6 are preceded by a definition of "Protecting Power" in Article 2 *(c)*: this is

> "a neutral or other State not a Party to the conflict which has been designated by a Party to the conflict and accepted by the adverse Party and has agreed to carry out the functions assigned to a Protecting Power under the Conventions and this Protocol".

The definition makes clear that the appointment of a Protecting Power involves a triangular arrangement: for a given State to act as Protecting Power on behalf of one Party to the conflict in the territory of the adverse Party, needs the consent of all three States.

Article 5, paragraph 1, opens by stating the principle that

> "It is the duty of the Parties to a conflict from the beginning of that conflict to ensure the supervision and implementation of the Conventions and of this Protocol by the application of the system of Protecting Powers";

that system includes, *inter alia,* "the designation and acceptance of those Powers, in accordance with the following paragraphs".

The paragraph adds that "Protecting Powers shall have the duty of safeguarding the interests of the Parties to the conflict". This language is closely similar to the formula found in the Geneva Conventions. Yet, in those Conventions it was a simple reference to a factual situation ("the Protecting Powers whose duty it is to safeguard the interests of the Parties to the conflict"), indicating the manner in which States had in the past almost automatically slipped into the role of Protecting Powers as a natural consequence of their earlier acceptance of the function of diplomatic representation on behalf of one of the Parties to a dispute that only subsequently evolved into an armed conflict. In paragraph 1 of Article 5, on the other hand, it assumes the character of an obligation, laid upon a State which in the course of an armed conflict is designated and accepted, and itself accepts, to act as a Protecting Power. In the context of the Protocol, this obligation cannot really be understood as a mere reference to a general duty of diplomatic representation: rather, the interests the Protecting Power is asked to safeguard must specifically be the interests of a Party to the conflict to see its nationals in enemy hands treated in accordance with applicable standards of international humanitarian law, and probably also, to a certain extent, with their own customs and culture.

Paragraphs 2 and 3 of Article 5 lay down detailed procedures designed to facilitate the "designation and acceptance" of Protecting Powers. If all this remains without result, it is the turn of a "substitute": as defined in Article 2 *(d),* this "means an organization acting in place of a Protecting Power in accordance with Article 5". Paragraph 4 of Article 5 indicates how this can be brought about: the ICRC or "any other organization which offers all guarantees of impartiality and efficacy" *may,* "after due consultations with [the Parties to the conflict] and taking into account the result of these consultations", offer to the said Parties to act as a substitute; if, after such thorough preparation, the organization makes an offer, "the Parties to the conflict shall accept [it] without delay".

One difference between the mode of acting of a Protecting Power and a substitute such as the ICRC may be that, while the former is obliged to safeguard in particular the interests of the Party to the conflict it represents, the emphasis in respect of the substitute is on its impartiality. For an organization like the ICRC, it is evident that it will focus first and foremost on the interests of the victims of the conflict.

A practical problem attending the possible activities of Protecting Powers is that, in order to carry out their supervisory functions, they need to have at their disposal sufficient qualified personnel. Article 6 aims to ensure that the Parties to the Protocol will already in peacetime do whatever is necessary to train such personnel.

What can be expected of the supervision by Protecting Powers or their substitute? On the one hand, it seems reasonable to expect that they will effectively supervise conditions in places where wounded and sick, prisoners of war or civilian internees are being kept or set to work, or the health situation and provision with essential foodstuffs of a civilian population in occupied territory. On the other hand, any supervisory activities on the part of Protecting Powers or a substitute with respect to combat activities proper and the rules applying in that context between combatants can be accidental and indirect at best. Thus, it does not normally fall within the functions of a Protecting Power to investigate whether an attack has been carried out according to the rules. An exception to this general statement should perhaps be made in respect of the use of chemical weapons: as past experience goes to show, the traces of such use may sometimes be found in the target area, and this can be done equally well by delegates of a Protecting Power or a substitute as by anyone else.

The Hague Convention of 1954 on the Protection of Cultural Property contains a system, comparable to that of the Geneva Conventions, of co-operation and assistance in the application of the Convention and the annexed Regulations. The system includes the co-operation of Protecting Powers and assigns a particularly important role to Unesco[36].

(d) *Role of the international community of States*

The obligations of States deriving from the various humanitarian treaties to which they are parties may be regarded, in the famous phrase of the International Court of Justice, as obligations "towards the international community as a whole"[37]; and the Court adds that

> "By their very nature [these obligations] are the concern of all States. In view of the importance of the rights involved, all States can be held to have a legal interest in their protection: they are obligations *erga omnes.*"

This "legal interest" of the international community in seeing the rules of humanitarian law respected is recognized in Article 1 common to the Geneva Conventions of 1949, whereby "The High Contracting Parties undertake to respect *and to ensure respect* for the present Convention in all circumstances" (my emphasis).

Article 1, paragraph 1, of Protocol I repeats the same formula. It is widely accepted that the phrase "to ensure respect" has the effect, *inter alia,* of empowering third States to raise their voice against apparent violations of humanitarian law, committed by Parties to an armed conflict. This may take the form of a discreet individual or collective diplomatic *démarche,* or of a public denouncement of the incriminating practices. States may take such steps, either at the request of the ICRC, or of their own accord.

One form of collective protest is to embody it, say, in a resolution of the General Assembly of the United Nations. Such resolutions have frequently been voted in the past.

Recourse to the United Nations has found a somewhat different place in Protocol I: Article 89 provides that

> "In situations of serious violations of the Conventions or of this Protocol, the High Contracting Parties undertake to act, jointly or individually, in co-operation with the United Nations and in conformity with the United Nations Charter."

As noted by Karl Joseph Partsch[38], this somewhat unclear provision

> "is the only remnant of long discussions regarding the problem of a provision on the general prohibition or limitation of *reprisals* or similar countermeasures taken by the victim of serious breaches in order to compel the Party violating its obligations to cease doing so".

As such, the Article is probably a failure. At the same time, the reference to High Contracting Parties, rather than Parties to the conflict, gives the provision a broader scope, so that it can be utilized as a basis for initiatives to discuss and, as appropriate, condemn particular violations committed by Parties to a conflict.

International concern with the application of the rules of humanitarian law is also reflected in Article 7 of the Protocol. This Article provides that the depositary of the Protocol (that is, the Swiss Government)

> "shall convene a meeting of the High Contracting Parties, at the request of one or more of the said Parties and upon the approval of the majority of the said Parties, to consider general problems concerning the application of the Conventions and of the Protocol".

The reference in this text to "general problems" makes clear that the purpose of such a meeting would not be to examine and expose specific alleged violations of the Conventions and the Protocol. Yet delegates at such a meeting might wish to illustrate the "general problems concerning the application" on the agenda with specific examples, and in practice it might prove difficult to distinguish such specific examples from direct accusations.

Thus far, Article 7 has not led to any practical experience. It remains to be seen whether it is ever going to be applied, and if so, with what results.

A final remark concerns an interesting idea, brought up in the course of the discussions at the Centre for Studies and Research. In view of the close relationship between humanitarian law and the law of human rights, could not international bodies competent in the field of human rights exert supervisory functions with respect to humanitarian law as well? The idea was brought up by a participant, Ms. Christina M. Cerna, who is attached as a lawyer to the staff of the Inter-American Commission on Human Rights.

It is, of course, far from self-evident that human rights bodies could claim such a competence, which probably will lie beyond the strict confines of their constitutive instruments. Yet the idea is not entirely hopeless either, and certainly deserves to be explored further: as pointed out as the outset of this paper, the level of respect for humanitarian law in current armed conflicts leaves very much to be desired. In this situation, every possible means to promote such respect must be mobilized.

5. Conclusion

As the above survey may have shown, there exists a wealth of means and methods for the promotion of respect for humanitarian law. The relevant rules are somewhat scattered over the various international instruments in force. Yet the greatest present need is not for a codification or thorough shake-up of the law on implementation and enforcement of humanitarian law: rather, States, both individually and collectively, in their various forms of more or less organized co-operation, must simply do somewhat more effectively and energetically what they have solemnly undertaken to do.

To achieve this, persistent efforts are necessary to awaken responsible authorities to their duties in this regard; duties, it may be added, that are farther removed from their consciousness yet easier to discharge in time of peace than in the turbulent time of armed conflict.

The Red Cross and Red Crescent Movement, by virtue of its origin and mission probably more than other organizations acutely aware of this need, started a Programme of Action on the Dissemination of International Humanitarian Law and the Principles and Ideals of the Red Cross. In this endeavour, it deserves all our support.

NOTES

1. XXVth International Conference of the Red Cross, Plenary Meeting: Report of the International Humanitarian Law Commission (I), para. 2.1.2.

2. *Id.*, Annex 1: Resolution adopted by consensus on "Respect for international humanitarian law in armed conflicts and action by the ICRC for persons protected by the Geneva Conventions", 6th preambular paragraph.

3. For texts of these instruments, see, e.g., D. Schindler and J. Toman, *The Laws of Armed Conflicts,* 2nd ed., Alphen aan den Rijn/Geneva, 1981; A. Roberts and R. Guelff, *Documents on the Laws of War,* Oxford, 1982; ICRC and League of Red Cross Societies, *International Red Cross Handbook,* 12th ed., Geneva, 1983.

4. The Lieber Instructions are reprinted in Schindler and Toman, *op. cit.*, n. 3, p. 3.

5. *Ibid.*, p. 35.

6. *Ibid.*, p. 57.

7. *Loc. cit.*

8. Protocol Additional to the Geneva Conventions of 12 August 1949, and Relating to the Protection of Victims of International Armed Conflicts (Protocol I), adopted at Geneva, 8 June 1977; Schindler and Toman, *op. cit.*, n. 3, at p. 551. Protocol II, formally entitled Protocol Additional to the Geneva Conventions of 12 August 1949, and Relating to the Protection of Victims of Non-International Armed Conflicts, is found *ibid.*, at p. 619.

9. The text, elaborated subsequent to the adoption of the Additional Protocols, 1977, was published in *International Review of the Red Cross,* Geneva, September-October 1978. In 1983, the ICRC published a brochure entitled *Règles essentielles des Conventions de Genève et de leurs Protocoles Additionnels,* which opens with the list of fundamental rules.

10. The present author obtained a copy of this Code of Conduct at the 5th African Seminar on International Humanitarian Law, Yaoundé, Cameroun, 26 November-4 December 1986. The copy is apparently from an official Ugandan document entitled *Legal Notice No. 6* of 1986.

11. Code of Conduct, A (4).

12. Waldemar A. Solf wrote the commentary to Article 43 in Bothe, Partsch and Solf, *New Rules for Victims of Armed Conflicts,* The Hague/Boston/London, 1982; the quoted phrase is on p. 238.

13. The Principles are reprinted in Schindler and Toman, *op. cit.*, n. 3, p. 835.

14. Article 77 of Draft Additional Protocol I, submitted by the ICRC to the Diplomatic Conference on the Reaffirmation and Development of International Humanitarian Law Applicable in Armed Conflicts, Geneva, 1974-1977; reprinted in the *Official Records* of the conference, published by the Swiss Government, Vol. I, Part III, p. 25: CDDH/1.

15. *Official Records,* Vol. VI, p. 307: CDDH/SR.45.

16. Schindler and Toman, *op. cit.,* n. 3, p. 257. The Convention Relative to the Treatment of Prisoners of War, signed on the same date, does not contain a similar provision; on the other hand, Article 84 provides that the text of the Convention "shall be posted, whenever possible, in the native language of the prisoners of war, in places where it may be consulted by all the prisoners"; *ibid.*, p. 271.

17. *Ibid.*, p. 305.

18. *Ibid.*, p. 689.

19. Roberts and Guelff, *op. cit.*, n. 3, p. 467.

20. The Resolution is reprinted in the *International Red Cross Handbook, op. cit.*, n. 3, p. 634.

21. See, generally, Georg Schwarzenberger, *International Law as Applied by International Courts and Tribunals,* Vol. II: *The Law of Armed Conflict,* London, 1968.

22. Schindler and Toman, *op. cit.,* n. 3, p. 233.

23. *Ibid.*, p. 245.

24. *Supra,* text at n. 16.

25. E.g., Article 49 of the First Convention.

26. *Supra,* text at n. 18.

27. Report of Commission I, Annex 5.

28. *Supra,* n. 16. The Wounded and Sick Convention of that year does not contain a similar provision.

29. *Official Records,* Vol. XV, p. 259: CDDH/215/Rev.1: 2nd session, Report of Commission III; the vote was 58 in favour, 3 against, and 9 abstentions.

30. *Ibid.*, Vol. III: CDDH/I221/Rev.1; proposal to add a new Article 74 bis.

31. *Ibid.*, Vol. IX: CDDH/I/SR.72, para. 3.

32. *Revue internationale de la Croix-Rouge,* March-April 1986, p. 115.

33. Articles 86 and 87.

34. Article 8 common to Conventions I to III, Article 9 of Convention IV.

35. Schindler and Toman, *op. cit.,* n. 3, p. 517.

36. Articles 21 to 23 of the Convention, Chapter I of the Regulations.

37. *ICJ Reports 1970,* p. 3: Judgment of 5 February 1970 in the *Barcelona Traction* case, 2nd phase.

38. Karl Joseph Partsch, writing the commentary to Article 89 in Bothe, Partsch and Solf, *op. cit.*, n. 12.

Summary of the paper by Frits Kalshoven

The paper is in five parts. Part 1 explains the topicality of the subject, which was also high on the agenda of the XXVth International Conference of the Red Cross (Geneva, 23 October-1 November 1986). The Conference heard a report by the President of the International Committee of the Red Cross, and passed a resolution on the need of better implementation of humanitarian law.

Part 2 examines some positive and several negative factors influencing the degree of respect that States and other parties to armed conflicts may be expected to show for international humanitarian law. The preponderance of negative factors (such as the violence inherent in the situation and the great number of persons that is apt to be more or less actively involved in the business of war) leaves little room for optimism regarding automatic compliance with the obligations of States under this body of law.

In Part 3, on "national measures", the need for peacetime preparation is emphasized. Measures discussed under this heading include instructions for the armed forces; the requirement of discipline as a precondition for any respect of humanitarian law and, in narrow connection herewith, the duties of commanding officers; dissemination of adequate levels of knowledge among the armed forces as well as among the civilian population; and the various means that are available for the repression of violations.

Part 4 discusses measures on the international level. These include reprisals, which, although nearly completely prohibited in view of their often undesirable effects, continue to attract interest in more than one quarter; methods of fact-finding, designed to reduce tensions among the parties to an armed conflict and to remove the need for drastic reactions (such as reprisals) to alleged violations; outside supervision, by Protecting Powers or, as a substitute, by the International Committee of the Red Cross, which may be effective in particular as a means to enhance respect for the rules relating to the protection of war victims (mostly the wounded and sick, prisoners of war, and inhabitants of occupied territory); and the somewhat vague but not necessarily ineffective role, attributed in general to the international community of States and which follows, first of all, from the express undertaking of the contracting States to the Geneva Conventions of 1949 (that is, virtually all existing States) to "ensure respect" for these Conventions.

Part 5 argues that, as shown in the preceding Parts, there exists a wealth of means and methods for the promotion of respect for humanitarian law. The relevant rules are somewhat scattered over the various international instruments in force. Yet the greatest present need is not a codification or thorough shake-up of the law on implementation and enforcement of humanitarian law: rather, States, both individually and collectively, in their various forms of more or less organized co-operation, must simply do somewhat more effectively and energetically what they have solemnly undertaken to do.

To achieve this, persistent efforts are necessary to awaken responsible authorities to their duties in this respect; duties that are farther removed from their consciousness yet easier to discharge in time of peace than in the turbulent time of armed conflict.

The paper concludes by asking support for the Programme of Action on the Dissemination of International Humanitarian Law and Ideals of the Red Cross, initiated some years ago and pursued since with increasing vigour by the Red Cross and Red Crescent Movement.

Résumé du rapport de Frits Kalshoven

Ce rapport comporte cinq parties. La première partie explique l'actualité du thème, qui figurait également parmi les questions inscrites en tête de l'ordre du jour de la XXVe Conférence internationale de la Croix-Rouge (Genève, 23 octobre-1er novembre 1986). Cette conférence a pris connaissance d'un rapport présenté par le président du Comité international de la Croix-Rouge et a adopté une résolution relative au besoin d'améliorer l'application du droit humanitaire.

La deuxième partie examine certains facteurs positifs et plusieurs facteurs négatifs influant sur le degré de respect que l'on peut attendre de la part des Etats et des autres parties à des conflits armés à l'égard du droit humanitaire international. La prépondérance des facteurs négatifs (tels que la violence inhérente à la situation et le grand nombre de personnes qui sont susceptibles d'être plus ou moins engagées dans les activités de la guerre) ne permet guère de faire preuve d'optimisme en ce qui concerne l'observation automatique des obligations étatiques dans cet ensemble juridique.

Dans la troisième partie, relative aux « mesures nationales », le besoin de se préparer en temps de paix est mis en évidence. Les mesures examinées sous ce titre comprennent : les instructions destinées aux forces armées ; la discipline en tant que condition préliminaire requise pour toute observation du droit humanitaire et, ayant un rapport étroit avec ceci, les devoirs des officiers commandants ; la propagation de connaissances adéquates parmi les forces armées ainsi que parmi la population civile, et les divers moyens disponibles pour la répression des infractions.

La quatrième partie examine les mesures sur le plan international. Elles comprennent : les représailles, qui sont quasi entièrement interdites à cause de leurs effets souvent indésirables, mais qui continuent à susciter l'intérêt de plus d'une source ; les méthodes pour l'établissement des faits visant à réduire la tension entre les parties à un conflit armé et à éliminer toute réaction draconienne (telle que les représailles) face à des prétendues infractions ; une surveillance exercée de l'extérieur par des Puissances protectrices ou, en tant que substitut, par le Comité international de la Croix-Rouge, surveillance qui peut être efficace, notamment en tant que moyen d'encourager l'observation des règles relatives à la protection des victimes de guerre (surtout les blessés et les malades, les prisonniers de guerre et les habitants des territoires occupés) ; et le rôle – assez vague, mais qui n'est pas nécessairement dénué d'effet – attribué généralement à la communauté internationale des Etats, lequel découle en premier lieu de l'engagement exprès des Etats signataires des conventions de Genève de 1949 (c'est-à-dire virtuellement presque tous les Etats qui existent) d'assurer l'observation de ces conventions.

La cinquième partie soutient qu'il existe une abondance de méthodes et de moyens en vue de favoriser l'observation du droit humanitaire. Les règles pertinentes se trouvent dispersées çà et là dans les divers instruments internationaux en vigueur. Cependant, à l'heure actuelle, le plus grand besoin ne réside pas dans une codification ou une révision intégrale du droit qui est relatif à l'application et à l'exécution du droit humanitaire ; c'est plutôt simplement l'accomplissement plus effectif et énergique par les Etats – tant à titre individuel qu'à titre collectif – de leurs engagements solennels dans le cadre des diverses formes de coopération plus ou moins organisée à leur portée.

A cette fin, il incombe de s'efforcer avec persistance jusqu'à ce que les autorités responsables prennent conscience de leurs devoirs dans ce domaine ; or, celles-ci ont moins tendance à prendre conscience de ces devoirs en temps de paix qu'à l'époque turbulente d'un conflit armé, bien qu'il soit plus aisé de les accomplir alors.

En guise de conclusion, il est recommandé de soutenir le Programme d'action sur la propagation du droit humanitaire international et des principes et des idéaux de la Croix-Rouge, inauguré il y a quelques années et poursuivi de plus en plus vigoureusement par la Croix-Rouge et le mouvement du Croissant-Rouge.

PUBLICATIONS DE L'ACADÉMIE
DE DROIT INTERNATIONAL
DE LA HAYE

PUBLICATIONS OF THE
HAGUE ACADEMY OF INTERNATIONAL
LAW

RECUEIL DES COURS

Depuis 1923, les plus grands noms du droit international ont professé à l'Académie de droit international de La Haye. Tous les tomes du *Recueil* qui ont été publiés depuis cette date sont disponibles, chaque tome étant, depuis les tout premiers, régulièrement réimprimé sous sa forme originale. Il en existe un catalogue complet et détaillé. On trouvera ci-après une liste des tomes parus ces dernières années.

INDEX GÉNÉRAUX

L'index qui était habituellement publié à la fin de chaque tome a été supprimé. Les délais de publication ne permettaient pas en effet de donner un index suffisamment détaillé et, de ce fait, son utilité était douteuse.

A ce jour, il a paru trois index généraux. Ils couvrent respectivement les tomes suivants :

1 à 101	(1923-1960)	379 pages	ISBN 90-218-9948-5
102 à 125	(1961-1968)	204 pages	ISBN 90-286-0643-2
126 à 151	(1969-1976)	280 pages	ISBN 90-286-0630-0

Un quatrième index général, qui couvrira les tomes 152 à 178, est en préparation. Il sera annoncé en temps utile.

COLLOQUES

L'Académie organise également des colloques dont les débats sont publiés. Les colloques de 1978 à 1985 se sont tenus en étroite collaboration avec l'Université des Nations Unies.

Les volumes parus de ces colloques portent les titres suivants : *Les accords de commerce international* (tenu en 1968) ; *Les aspects juridiques de l'intégration économique* (1971) ; *Le droit international de l'environnement* (1973) ; *Le droit à la santé en tant que droit de l'homme* (1978) ; *Le droit au développement au plan international* (1979) ; *Le nouvel ordre économique international. Aspects commerciaux, technologiques et culturels* (1980) ; *La gestion des ressources pour l'humanité : le droit de la mer* (1981) ; *Le règlement des différends sur les nouvelles ressources naturelles* (1982) ; *L'avenir du droit international dans un monde multiculturel* (1983) ; *L'avenir du droit international de l'environnement* (1984) ; *L'adaptation des structures et méthodes des Nations Unies* (1985). (Voir liste détaillée ci-après.)

CENTRE D'ÉTUDE ET DE RECHERCHE

Les travaux scientifiques du Centre d'étude et de recherche de droit international et de relations internationales de l'Académie de droit international de La Haye, dont les sujets sont choisis par le Curatorium de l'Académie, font l'objet d'une publication depuis la session de 1985 de ce Centre. La première brochure, intitulée *La pollution transfrontière et le droit international,* a paru en 1986. (Voir ci-après.)

Les demandes de renseignements ou de catalogues et les commandes doivent être adressées à

MARTINUS NIJHOFF B.P. 163
3300 AD Dordrecht (Pays-Bas)

COLLECTED COURSES

Since 1923 the top names in international law have taught at the Hague Academy of International Law. All the volumes of the *Collected Courses* which have been published since 1923 are available, as, since the very first volume, they are reprinted regularly in their original format. There is a complete and detailed catalogue. The volumes which have appeared in the last few years are listed on the following pages.

GENERAL INDEX

The index which always appeared at the end of each volume has been discontinued. The short publication time of the volumes did not allow for sufficient preparation of a detailed index, and because of that, its usefulness was doubtful.

Up till now three General Indexes have been published. They cover respectively the following volumes:

1 to 101	(1923-1960)	379 pages	ISBN 90-218-9948-5
102 to 125	(1961-1968)	204 pages	ISBN 90-286-0643-2
126 to 151	(1969-1976)	280 pages	ISBN 90-286-0630-0

A fourth General Index, covering Volumes 152 to 178, is in preparation and will be announced in due time.

WORKSHOPS

The Academy publishes the discussions from the Workshops which it organizes. The 1978 to 1985 Workshops have been held in close collaboration with the University of the United Nations.

The titles of the Workshops already published are the following: *International Trade Agreements* (held in 1968); *Legal Aspects of Economic Integration* (1971); *The Protection of the Environment and International Law* (1973); *The Right to Health as a Human Right* (1978); *The Right to Development at the International Level* (1979); *The New International Economic Order. Commercial, Technological and Cultural Aspects* (1980); *The Management of Humanity's Resources: The Law of the Sea* (1981); *The Settlement of Disputes on the New Natural Resources* (1982); *The Future of International Law in a Multicultural World* (1983); *The Future of the International Law of the Environment* (1984); *The Adaptation of Structures and Methods at the United Nations* (1985). (See following detailed list.)

CENTRE FOR STUDIES AND RESEARCH

The scientific works of the Centre for Studies and Research in International Law and International Relations of the Hague Academy of International Law, the subjects of which are chosen by the Curatorium of the Academy, have been published since the Centre's 1985 session. The first booklet, entitled *Transfrontier Pollution and International Law,* was published in 1986. (See below.)

Requests for information, catalogues and orders for publications must be addressed to

MARTINUS NIJHOFF P.O. Box 163
3300 AD Dordrecht (the Netherlands)

TABLE PAR TOME DES COURS PUBLIÉS DEPUIS LA PARUTION DU DERNIER INDEX GÉNÉRAL

INDEX BY VOLUME OF THE COURSES PUBLISHED SINCE THE PUBLICATION OF THE LATEST GENERAL INDEX

Tome 157 **1977** **Volume 157**

Luzzatto, R.: International commercial arbitration and the municipal law of States, 9-120.
Morse, B.: Practice, norms and reform of international humanitarian rescue operations, 121-194.
Arangio-Ruiz, G.: Human rights and non-intervention in the Helsinki final act, 195-332.
Ubertazzi, G. M.: Règles de non-discrimination et droit international privé, 333-414.
La Pradelle, P. de: Notions de territoire et d'espace dans l'aménagement des rapports internationaux contemporains, 415-484.

Tome 158 **1977** **Volume 158**

Wengler, W.: Public international law. Paradoxes of a legal order, 9-86.
Lebedev, S. N.: International commercial arbitration in the socialist countries members of the CMEA, 87-182.
Giuliano, M.: La loi applicable aux contrats: Problèmes choisis, 183-270.
Jodlowski, J.: Les conventions relatives à la coopération judiciaire en matière civile et commerciale entre les Etats socialistes et les Etats occidentaux, 271-392.

Tome 159 **1978** **Volume 159**

Jiménez de Aréchaga, E.: International law in the past third of a century (General course in public international law), 1-344.
Tarazi, S. E. D.: La solution des problèmes de statut personnel dans le droit des pays arabes et africains, 345-463.

Tome 160 **1978** **Volume 160**

Philip, A.: General course on private international law, 1-74.
Suy, E.: The status of observers in international organizations, 75-180.
Carrillo Salcedo, J. A.: Le renouveau du particularisme en droit international privé, 181-264.
Malaurie, Ph.: Le droit monétaire dans les relations privées internationales, 265-334.
Boulouis, J.: La jurisprudence de la Cour de justice des Communautés européennes relative aux relations extérieures des Communautés, 335-394.
Franck, T. M.: Minimum standards of public policy and order applicable to collective international commodity negotiations, 395-436.

Tome 161 **1978** **Volume 161**

Barile, G.: La structure de l'ordre juridique international. Règles générales et règles conventionnelles, 9-126.
Matscher, F.: Etude des règles de compétence judiciaire dans certaines conventions internationales, 127-228.
Zhukov, G. P.: Tendances contemporaines du développement du droit spatial international, 229-328.
Lillich, R. B.: Duties of States regarding the civil rights of aliens, 329-442.

Tome 162	1979	Volume 162

Vitta, E.: Cours général de droit international privé, 9-244.

Brownlie, I.: Legal status of natural resources in international law (some aspects), 245-318.

De Yturriaga, J. A.: Regional conventions on the protection of marine environment, 319-449.

Tome 163	1979	Volume 163

Fischer, B. de: L'Ordre souverain de Malte, 1-48.

Pharand, D.: The legal status of the Arctic regions, 49-116.

Schindler, D.: The different types of armed conflicts according to the Geneva conventions and protocols, 117-164.

Seidl-Hohenveldern, I.: International economic "soft law", 165-246.

Jakubowski, J.: Some legal aspects of industrial co-operation in East-West relations, 247-310.

Lowenfeld, A. F.: Public law in the international arena: conflict of laws, international law, and some suggestions for their interaction, 311-446.

Tome 164	1979	Volume 164

Draper, G. I. A. D.: The implementation and enforcement of the Geneva conventions of 1949 and of the two additional protocols of 1978, 1-54.

Parra-Aranguren, G.: Recent developments of conflict of laws conventions in Latin America, 55-170.

Nahlik, S. E.: L'extension du statut de combattant à la lumière du protocole I de Genève de 1977, 171-250.

Brækhus, S.: Choice of law problems in international shipping (Recent developments), 251-338.

Gannagé, P.: La coexistence des droits confessionnels et des droits laïcisés dans les relations privées internationales, 339-423.

Tome 165	1979	Volume 165

Dupuy, R.-J.: Communauté internationale et disparités de développement (Cours général de droit international public), 9-232.

Giardina, A.: La mise en œuvre au niveau national des arrêts et des décisions internationaux, 233-352.

Abi-Saab, G.: Wars of national liberation in the Geneva conventions and Protocols, 353-446.

Tome 166	1980	Volume 166

North, P. M.: Development of rules of private international law in the field of family law, 9-118.

Matte, N. M.: Aerospace law: telecommunications satellites, 119-250.

Carbone, S. M.: La réglementation du transport et du trafic maritimes dans le développement de la pratique internationale, 251-364.

Geamănu, G.: Théorie et pratique des négociations en droit international, 365-448.

Tome 167	1980	Volume 167

Mehren, A. T. von: Recognition and enforcement of foreign judgments – General theory and the role of jurisdictional requirements, 9-112.
Sinclair, Sir Ian: The law of sovereign immunity. Recent developments, 113-284.
Meron, T.: Status and independence of the international civil servant, 285-384.
Thierry, H.: Les résolutions des organes internationaux dans la jurisprudence de la Cour internationale de Justice, 385-450.

Tome 168	1980	Volume 168

Marcoff, M. G.: Sources du droit international de l'espace, 9-122.
Droz, G. A. L., M. L. Pelichet, A. Dyer: La Conférence de La Haye de droit international privé vingt-cinq ans après la création de son Bureau permanent: Bilan et perspectives/The Hague Conference on Private International Law 25 years after the founding of its permanent Bureau: achievements and prospects, 123-268.
Ténékidès, G.: L'action des Nations Unies contre la discrimination raciale, 269-488.

Tome 169	1980	Volume 169

Lachs, M.: The development and general trends of international law in our time (General course on public international law), 9-378.

Tome 170	1981	Volume 170

Boggiano, A.: International standard contracts. A comparative study, 9-114.
Gotlieb, A. E.: The impact of technology on the development of contemporary international law, 115-330.
Bogouslavski, M. M.: Doctrine et pratique soviétiques en droit international privé, 331-432.

Tome 171	1981	Volume 171

Ijalaye, D. A.: Indigenization measures and multinational corporations in Africa, 9-80.
Jagota, S. P.: Maritime boundary, 81-224.
Zacklin, R.: The problem of Namibia in international law, 225-340.
Foyer, J.: Problèmes internationaux contemporains des brevets d'invention, 341-442.

Tome 172	1981	Volume 172

Gómez Robledo, A.: Le *ius cogens* international: sa genèse, sa nature, ses fonctions, 9-218.
Alexidze, L. A.: Legal nature of *jus cogens* in contemporary international law, 219-270.
Gaja, G.: *Jus cogens* beyond the Vienna Convention, 271-316.
Diederiks-Verschoor, I. H. Ph.: Similarities with and differences between air and space law primarily in the field of private international law, 317-423.

Tome 173	1981	Volume 173

[A paraître/Forthcoming.]

Tome 174	1982	Volume 174

Rajski, J.: Les principes du droit commercial international de certains pays socialistes européens, 9-106.

Gold, J.: Developments in the international monetary system, the International Monetary Fund, and international monetary law since 1971, 107-366.

Goedhuis, D.: The problems of the frontiers of outer space and air space, 367-407.

Tome 175	1982	Volume 175

Sauveplanne, J. G.: New trends in the doctrine of private international law and their impact on court practice, 9-98.

Kiss, A.-Ch.: La notion de patrimoine commun de l'humanité, 99-256.

Salmon, J. J. A.: Le fait dans l'application du droit international, 257-414.

Tome 176	1982	Volume 176

Overbeck, A. E. von: Les questions générales du droit international privé à la lumière des codifications et projets récents (Cours général de droit international privé), 9-258.

Higgins, R.: The taking of property by the State: recent developments in international law, 259-391.

Tome 177	1982	Volume 177

Jayme, E.: Considérations historiques et actuelles sur la codification du droit international privé, 9-102.

Bennouna, M.: Le droit international relatif aux matières premières, 103-192.

Maekelt, T. B. de: General rules of private international law in the Americas. New approach, 193-380.

Tome 178	1982	Volume 178

Schachter, O.: International law in theory and practice (General course in public international law), 9-396.

Tome 179	1983	Volume 179

Castel, J.-G.: The extraterritorial effects of antitrust laws, 9-144.

Barberis, J. A.: Nouvelles questions concernant la personnalité juridique internationale, 145-304.

Capatina, O.: L'entraide judiciaire internationale en matière civile et commerciale, 305-412.

Tome 180	1983	Volume 180

Adede, A. O.: Legal trends in international lending and investment in the developing countries, 9-168.

Bowett, D. W.: Contemporary developments in legal techniques in the settlement of disputes, 169-236.

Jambu-Merlin, R.: La loi applicable aux accidents du travail en droit international et en droit communautaire, 237-294.

Opertti Badan, D.: L'adoption internationale, 295-412.

Tome 194	1985	Volume 194

[A paraître/Forthcoming]

Tome 195	1985	Volume 195

[A paraître/Forthcoming]

Tome 196	1986	Volume 196

P. Lagarde : Le principe de proximité dans le droit international privé contemporain. Cours général de droit international privé, 9-238.
S. Sołtysiński : Choice of law and choice of forum in transnational transfer of technology transactions, 239-384.
R. Caldera : The juridical basis of a new international order (Conference), 385-400.

Tome 197	1986	Volume 197

R. P. Anand : Sovereign equality of states in international law, 9-228.
P. Picone : La méthode de la référence à l'ordre juridique compétent en droit international privé, 229-420.

COLLOQUES/WORKSHOPS

Préparés par/Edited by

1968

Kojanec, G.: Les accords de commerce international/International Trade Agreements (1969, 374 pages). ISBN 90-286-1672-1

1971

Rideau, J.: Les aspects juridiques de l'intégration économique/Legal Aspects of Economic Integration (1972, 620 pages). ISBN 90-286-0053-1

1973

Kiss, A.-Ch.: La protection de l'environnement et le droit international/The Protection of the Environment and International Law (1975, 650 pages). ISBN 90-286-0494-4

1978

Dupuy, R.-J.: Le droit à la santé en tant que droit de l'homme/The Right to Health as a Human Right (1979, 513 pages). ISBN 90-286-1028-6

1979

Dupuy, R.-J.: Le droit au développement au plan international/The Right to Development at the International Level (1980, 458 pages). ISBN 90-286-0990-3

1980

Dupuy, R.-J.: Le nouvel ordre économique international. Aspects commerciaux, technologiques et culturels/The New International Economic Order. Commercial, Technological and Cultural Aspects (1981, 398 pages). ISBN 90-247-2602-6

1981

Dupuy, R.-J.: La gestion des ressources pour l'humanité: le droit de la mer/The Management of Humanity's Resources: the Law of the Sea (1982, 448 pages). ISBN 90-247-2762-6

1982

Dupuy, R.-J.: Le règlement des différends sur les nouvelles ressources naturelles/The Settlement of Disputes on the New Natural Resources (1983, 512 pages). ISBN 90-247-2901-7

1983

Dupuy, R.-J.: L'avenir du droit international dans un monde multiculturel/The Future of International Law in a Multicultural World (1984, 510 pages).
ISBN 90-247-3070-8

1984

Dupuy, R.-J.: L'avenir du droit international de l'environnement/The Future of the International Law of the Environment (1985, 536 pages).
ISBN 90-247-3239-5

1985

Bardonnet, D.: L'adaptation des structures et méthodes des Nations Unies/ The Adaptation of Structures and Methods at the United Nations (1986, 434 pages).
ISBN 90-247-3441-x

CENTRE D'ÉTUDE ET DE RECHERCHE

CENTRE FOR STUDIES AND RESEARCH

1985 La pollution transfrontière et le droit international/Transfrontier Pollution and International Law

La protection de l'environnement contre la pollution transfrontière et le droit international/International Law and the Protection of the Environment against Transboundary Pollution

P.-M. Dupuy: Bilan de recherches de la section de langue française du Centre d'étude et de recherche de l'Académie.

J. G. Lammers: The Present State of Research Carried out by the English-Speaking Section of the Centre for Studies and Research.

134 pages – ISBN 90-247-3394-4